특허등록 제1116894호

영어학습의 유쾌한 반란!

교재+게임(스마트폰용/PC용) → 재미로 뇌를 깨워 학습효과 극대화!

특허 받은

길맥영문법

①

손길연·김혜림 공저

그림+도표+비유+스토리텔링으로
영어의 핵심 원리와 개념을 쉽게 익혀
단시일 내에 기초영문법 정복!

백산출판사

영어공부도 '오락'처럼 재미를 느껴야 잘할 수 있다!

우리는 짧게는 6년, 길게는 그 이상의 기간을 '영어'라는 말을 배우기 위해 보냈는데, 왜 영어가 잘 안되는 것일까요? 그 이유는 영어학습법이 잘못되었기 때문입니다. 물이 끓으려면 일정한 열을 지속적으로 가해 100℃가 되어야만 하는 것처럼, 영어공부에도 **임계치**가 있어서 한국인이 어떤 영어 문장을 입으로 내뱉으려면 여러 번 반복을 통해 자신의 것으로 **체화시키는 과정**이 반드시 필요합니다. 하지만 기존의 영어학습법은 아이들에게 영어의 핵심원리와 문장을 딱딱하고 똑같은 방식으로 학습시키고 학습의 **연관성**이 떨어지기 때문에 '영어'라는 높은 장벽을 뛰어넘을 수 없어 영어를 포기하는 아이들이 점점 늘고 있습니다.

이런 영어교육의 현실이 안타까워서 우리 아이들에게 어떤 방식으로 영어교육을 시키면 좋을까? 고민하고 연구한 끝에 '오락성에 영어'를 접목시키게 되었습니다. 즉 **교재, 교구, 학습게임**을 병행하고, 이것을 영어학습에 연계시켜 체계적으로 재미있게 학습할 수 있는 신개념 영어학습법을 개발하게 되었습니다. 이것은 다양한 학습놀이로 편성된 교재, 도형, 색상, 그림을 활용한 교구(퍼즐, 카드) 그리고 컴퓨터나 스마트폰을 이용하여 재미있게 게임을 하면서 자연스럽게 영어를 배울 수 있는 영어학습게임을 병행하여 학습할 수 있어 시너지 학습효과를 얻을 수 있습니다. 뿐만 아니라 특허와 디자인 등록된 내용을 바탕으로 개발된 이 영어학습법은 '영어공부'라는 말에 거부감을 느끼는 아이들을 위해 '**게임**'이라는 놀이에 영어공부를 접목시켜 영어학습 **4대 영역**(Listening, Speaking, Reading, Writing)을 체계적으로 **동시에** 학습할 수 있도록 창안되었습니다.

부모는 아이가 자라서 걷기 시작하면, "빨간불에는 멈추고, 초록불에는 건너가고, 노란불에는 기다린다."는 색상을 통한 신호등 체계를 알려 주어야 합니다. 이러한 신호등 체계와 같은 '색상인지학습법'을 통한 영어교수법은 학습자에게 **부담을 주지 않고 기억 속에 각인**되어 오랫동안 남게 합니다. **교재+교구+게임을 융합**시킨 이 학습법은 바로 이러한 '도형과 색상의 구분'을 영어 문장구조에 접목시켜 아이들에게 자연스럽게 **영어의 문장구조 원리를 깨우쳐줄 수 있도록** 창안된 것입니다.

'색상+도형+도표+비유'를 활용하여 만든『길맥영문법』교재는 영어학습에서 가장 중요한 영어의 핵심원리와 문장을 학습자 눈높이에 맞추어 단계적으로 학습할 수 있도록 구성되어 있습니다. 특히 이것은 영어에서 자주 쓰이면서 영어구조의 뼈대 같은 역할을 하는 기본동사(Do동사, Be동사, Have동사)와 인칭대명사에 대한 핵심개념을 스토리텔링 방식으로 쉽게 이해시킬 뿐만 아니라, **시험에서 빈번히 출제되는 단어·문장·문법을 학습자가 부담감 없이 단계적으로 익혀 영어의 기초**를 다질 수 있도록 문제 중심으로 구성된 '영어의 설계도'와 같은 책입니다.

국어는 조사에 의해서 문장구성 성분이 결정되기 때문에 어순이 바뀌어도 문장의 뜻을 이해하는 데 아무런 문제가 없지만, 영어는 어순에 의해서 **문장구성 성분이 결정**되기 때문에 어순이 바뀌면 문장성분도 바뀌게 되어 문장의 뜻이 달라집니다. 이런 영어 문장을 익히는 데 중요한 **영어의 어순**을 인지언어학에 바탕을 두고 문장의 구성성분인 주어(■), 동사(■), 보어(□), 목적어(■), 수식어(■)의 5가지를 색상으로 구분하여 일관성 있게 만든 퍼즐, 카드, 자석교구를 가지고 아이들이 직접 손으로 만지면서 친구들과 놀이를 하면서 익히는 학습방법과 스마트폰 및 컴퓨터로 게임을 하면서 반복적으로 문장을 복습하는 학습방법은 높은 학습효과를 유발시킵니다.

『특허받은 길맥영문법 ①』은 '맥퍼즐'이 영어에 대한 궁금증을 풀기 위해서 영어마법나라로 '마법사'를 찾아서 떠나는 재미있는 탐험 이야기와 **가로세로 퍼즐단어 맞추기로 영어 문장 익히기, 그림에서 영어 단어 찾아 영작문하기, 미로 찾기** 등 다양한 **놀이학습**을 통해 영어 학습을 하는 데 가장 중요한 영어 원리와 개념 그리고 기초 단어의 운용원리를 깨우치게 하여 단시일 내에 영어를 자유롭게 구사할 수 있는 능력을 향상시키는 데 주안점을 두었습니다.

아무쪼록 '길맥학습법'을 통해 아이들에게 딱딱한 공부가 아닌 놀이학습으로 즐겁게 영어공부를 할 수 있는 여건을 마련해 주어 아이들이 신바람나게 영어를 공부함으로써 영어에 자신감과 흥미를 가질 수 있는 좋은 기회를 갖게 되기를 바랍니다.

이 책과 '길맥학습법'이 세상에 나오기까지 고단함을 아끼지 않고 도움을 주신 모든 분들께 진심으로 감사드립니다.

2016년 12월
저자 **손길연·김혜림**

차 례

Unit 1

기본동사(Do, Be, Have)의 변화형과 쓰임 익히기

Chapter 1. Do, Be, Have동사의 개념 및 쓰임 이해하기

Chapter 2. 국어와 영어 시제 변화형 비교하여 익히기
(영어 문장 속에서 영문법 다지기)

Chapter 3. Do, Be, Have동사의
수, 인칭, 시제에 따른 변화형 익히기

Do, Be, Have 동사의 개념 및 쓰임 이해하기

Chapter 1

기본동사 Do, Be, Have의 개념 이해

○ 다음의 밑줄 친 부분에 적절한 말을 채우거나 둘 중에서 맞는 것을 선택하여 이야기를 완성해 보세요.

『특허받은 길맥영문법 ①』은 '놀잇감에 학습'을 접목하여 교재와 교구로 구성된『영어기본동사 맥퍼즐』을 토대로 하여 창의적으로 개발된 교재입니다. 이것은 색상+도형+도표+그림+스토리텔링을 활용하여 영어 학습에서 가장 중요한 영어의 핵심원리와 문장을 학습자 눈높이에 맞추어 단계적으로 학습할 수 있도록 구성되어 있습니다. 뿐만 아니라 이 교재 내용을 **오락성**과 **학습성**을 접목시켜 개발한 카드 및 퍼즐 교구와 다양한 학습 게임으로도 병행하여 학습할 수 있기 때문에 높은 시너지 학습효과를 기대할 수 있습니다.

영어에서 자주 쓰이면서 영어구조의 뼈대 같은 역할을 하는 **기본동사(Do동사, Be동사, Have동사)**와 **인칭대명사** 간의 쓰임을 도형과 색상을 활용하여 일목요연하게 정리하였습니다. 3각형 안의 기본동사 'do, be, have'를 인칭에 따라 나누고, 그것을 시제에 따라 현재형, 과거형, 과거분사형에 의해 3개 부분으로 나누었는데, 교재 안에서 'do, be, have'를 영어의 3박자 수, 인칭, 시제에 맞추어 문장 내에서 어떻게 사용해야 하는지를 단계적으로 학습하게 됩니다.

그러면, 'do, be, have'가 문장에서 동사뿐만 아니라, 조동사 기능으로도 어떻게 쓰이고 있는지 정체를 밝힐 수 있는 주문들을 마법사로부터 터득해 가는 '맥퍼즐'과 함께 재미있고 신나는 영어마법나라 탐험을 떠나 볼까요.

1 동사 'Do, Be, Have'를 왜 '기본동사'라고 부르나요?

보통 동사들과는 다르게 부정문, 의문문, 수동태, 진행형, 완료시제 등이 들어가는 문장을 만들 때는 이 아이들 중 하나를 **동사/조동사**로 꼭 사용해야 하기 때문에 붙여준 이름이란다. 그래서 영어를 잘하려면, 기본적으로 이 아이들의 생김새와 성격을 반드시 알고 있어야 해.

그런데 제 친구 영싫아(영어를 싫어하는 아이)는 이 'do, be, have'가 문장에서 자주 변장해서 나타나기 때문에 이 아이들을 특히 싫어해요.

그러니까 당연히 영싫아가 되었겠지. 영어마법나라에서 이 아이들과 친하게 지내지 않으면 영어를 잘할 수가 없단다. 영어마법나라에서 '기본동사 ＿＿＿＿＿, be, ＿＿＿＿＿' 아이들은 다른 동사아이들과는 다르게 문장에서 **주어/목적어**로 만나는 상대가 누구냐에 따라서 **생김새**가 변하고, 문장에 따라 그 뜻이 달라지는 톡톡 튀는 아이들이란다. 영싫아들이 이 아이들을 마음에 들어 하지 않는 것은 당연하다고 볼 수 있지.

그리고 '기본동사 do, ＿＿＿＿＿, ＿＿＿＿＿'는 **주어/목적어**에 따라 모습이 달라지는 것 말고도 문장에서 ＿＿＿＿＿로 쓰이고 있는지, 아니면 **조동사**로 쓰이고 있는지를 꼭 구분해서 사용해야 하는 까탈스러운 성격도 갖고 있단다. 말하자면, 다른 동사들은 주어의 동작이나 행위를 나타내는 동사로만 쓰이는데, 이 아이들은 그냥 동사로 쓰일 때도 있지만, 어떤 경우에는 단지 동사를 도와주는 ＿＿＿＿＿＿로 쓰인다는 것이지. 그래서 나는 이 아이들에게 '일조동 (일반동사 기능 + 조동사 기능)'이라는 닉네임(별명)을 붙여주었어.

be동사가 조동사로 쓰이는 경우는 진행형/완료형이나 **능동태/수동태**를 만드는 경우이고, do동사가 조동사로 쓰이는 경우는 의문문/명령문, 감탄문/부정문, 강조문을 만드는 경우란다. 마지막으로 have동사가 조동사로 쓰이는 경우는 **과거형 시제/완료형 시제**를 만드는 경우지.

❷ 동사 'Do, Be, Have'의 정체는 도대체 뭔가요?

 마법사님 **'일조동'**이라는 닉네임도 맘에 들고 이제 슬슬 신비한 베일에 싸인 기본동사 'do, be, have'의 생김새가 궁금해졌어요.

그렇구나, 잘 들어보렴. be동사가 태어날 때 원래 모습(원형)은 ＿＿＿＿＿인데, 이것이 시간이 흘러 갈수록 무럭무럭 잘 자라서 지금의 모습(현재형)인 ＿＿＿＿＿, ＿＿＿＿＿, ＿＿＿＿＿ 3가지 모습으로 변한 것이란다. 마찬가지로 do동사의 원형은 ＿＿＿＿＿이고, 현재형은 ＿＿＿＿＿, ＿＿＿＿＿ 2가지 모습이며, have동사의 원형은 ＿＿＿＿＿이고, 현재형은 ＿＿＿＿＿, ＿＿＿＿＿ 2가지 모습이란 걸 알 수 있지.

한편 be동사의 과거의 모습(과거형) 'was'는 시간이 흐르면서 현재형 ＿＿＿＿＿과 'is' 2개의 모습으로 나뉘었고, 과거형 'were'는 현재형 ＿＿＿＿＿로 모습이 변했단다.

그리고 do동사의 과거형 'did'는 현재형 ＿＿＿＿＿나 ＿＿＿＿＿ 2개의 모습으로, have동사의 과거형 'had'도 현재형으로 ＿＿＿＿＿와 ＿＿＿＿＿ 2개의 모습으로 나누어지게 되었지.

그런데 'do, be, have'동사가 변신한 모습 중에 과거형뿐만 아니라, 과거분사형 ＿＿＿＿＿, ＿＿＿＿＿, had도 있단다. 이것은 우리가 어떤 일이나 행위를 했는데 그것이 끝나지 않고, 현재까지 죽~ 지속될 때, '~해 왔다'라고 하는 것처럼 영어에서는 'have/has + **과거분사형**' 모습, 즉 현재완료시제로 표현해야 한단다.

여기서 잠깐! 맥퍼즐아, 지금 단계에서 과거분사형에 대한 정체를 너무 파헤치다 보면 자칫 영어와 멀어지게 되는 위험에 빠질 수 있으니 '과거분사형은 과거형과 생김새도 성격도 다르다'라는 정도로 이해해 두렴.

2 국어와 영어 시제 변화형 비교하여 익히기

1 주어의 인칭과 국어 의미에 맞도록 <u>영어단어로 빈칸을 채우세요.</u>

동사의 시제 변화형 익히기			
주어	현재형	과거형	과거분사형
나는 I	연주한다	연주했다	연주해 왔다
	play		have played
	산다	살았다	살아 왔다
	live		
	먹는다	먹었다	먹어 왔다
	eat		have eaten
그녀는 She	연주한다	연주했다	연주해 왔다
	plays		
	산다	살았다	살아 왔다
	lives		
	먹는다	먹었다	먹어 왔다
	eats	ate	
그들은 They	초대한다	초대했다	초대해 왔다
		invited	
	방문한다	방문했다	방문해 왔다
		visited	
	노래를 부른다	노래를 불렀다	노래를 불러 왔다
		sang	
그는 He	춤을 춘다	춤을 추었다	춤을 추어 왔다
		danced	
	수영을 한다	수영을 했다	수영을 해 왔다
		swam	has swum
	갖고 있다	갖고 있었다	갖고 있어 왔다
		had	

점 수 맞은 문항 수 : _____ / 20개

❷ 국어 문장에 맞도록 <u>빈칸</u>을 채워 영어 문장을 완성하세요.

01 I often _____ the piano.　　　　　나는 피아노를 자주 연주한다.

02 I _____ in Seoul.　　　　　나는 서울에 산다.

03 I often _____ meat.　　　　　나는 고기를 자주 먹는다.

04 They invite _____ every year.　　　　　그들은 매년 나를 초대한다.

05 They _____ me every year.　　　　　그들은 매년 나를 방문한다.

06 _____ very well.　　　　　그들은 **노래**를 아주 잘 부른다.

07 He _____ very well.　　　　　그는 **춤**을 아주 잘 춘다.

08 _____ very well　　　　　나는 수영을 아주 잘 한다.

09 I _____ the piano.　　　　　나는 피아노를 자주 연주했다.

10 I _____ in Seoul.　　　　　나는 서울에 살았다.

11 I often _____ meat.　　　　　나는 고기를 자주 먹었다.

12 They _____ me every year.　　　　　그들은 매년 나를 초대했다.

13 They visited _____ every year.　　　　　그들은 매년 나를 방문했다.

14 _____ very well.　　　　　그들은 **노래**를 아주 잘 불렀다.

15 I _____ often played the piano.　　　　　나는 피아노를 자주 연주해 왔다.

16 I _____ in Seoul.　　　　　나는 서울에서 살아 왔다.

17 I _____ often _____ meat.　　　　　나는 고기를 자주 먹어 왔다.

18 They _____ me every month.　　　　　그들은 매월 나를 초대해 왔다.

19 They _____ me every year.　　　　　그들은 매년 나를 방문해 왔다.

20 They _____ very well.　　　　　그들은 **노래**를 아주 잘 불러 왔다.

21 He has _____ very well.　　　　　그는 **춤**을 아주 잘 추어 왔다.

22 He _____ swum very well.　　　　　그는 수영을 아주 잘 해 왔다.

점 수 　맞은 문항 수 : _____ / 22개

③ 국어 문장에 맞는 <u>영어 문장</u>을 큰 소리로 말하세요.

01 나는 피아노를 자주 연주한다.

02 나는 서울에 산다.

03 나는 고기를 자주 먹는다.

04 그들은 매년 나를 초대한다.

05 그들은 매년 나를 방문한다.

06 그들은 **노래를** 아주 잘 부른다.

07 그는 **춤을** 아주 잘 춘다.

08 나는 수영을 아주 잘 한다.

09 나는 피아노를 자주 연주했다.

10 나는 서울에 살았다.

11 나는 고기를 자주 먹었다.

12 그들은 매년 나를 초대했다.

13 그들은 매년 나를 방문했다.

14 그들은 노래를 아주 잘 불렀다.

15 나는 피아노를 자주 연주해 왔다.

16 나는 서울에서 살아 왔다.

17 나는 고기를 자주 먹어 왔다.

18 그들은 매월 나를 초대해 왔다.

19 그는 춤을 아주 잘 추어 왔다.

20 그는 수영을 아주 잘 해 왔다.

교수법 국어 문장을 보고 영어 문장으로 말하는 데 소요되는 시간을 측정
시 간 걸린 시간 : _____분 _____초
점 수 말하지 못한 문항 수 : _____개

4 국어 문장에 맞도록 영어 문장을 쓰세요.

01 나는 피아노를 자주 연주한다. → _____

02 나는 서울에 산다. → _____

03 나는 고기를 자주 먹는다. → _____

04 그들은 매년 나를 초대한다. → _____

05 그들은 매년 나를 방문한다. → _____

06 그들은 노래를 아주 잘 부른다. → _____

07 그는 춤을 아주 잘 춘다. → _____

08 나는 수영을 아주 잘 한다. → _____

09 나는 피아노를 자주 연주했다. → _____

10 나는 서울에 살았다. → _____

11 나는 고기를 자주 먹었다. → _____

12 그들은 매년 나를 초대했다. → _____

13 그들은 매년 나를 방문했다. → _____

14 그들은 노래를 아주 잘 불렀다. → _____

15 나는 피아노를 자주 연주해 왔다. → _____

16 나는 서울에서 살아 왔다. → _____

17 나는 고기를 자주 먹어 왔다. → _____

18 그들은 매월 나를 초대해 왔다. → _____

19 그는 춤을 아주 잘 추어 왔다. → _____

20 그는 수영을 아주 잘 해 왔다. → _____

교수법 국어 문장을 보고 영어 문장으로 적는 데 소요되는 시간을 측정
시 간 걸린 시간 : _____분 _____초
점 수 쓰지 못한 문항 수 : _____개

Do, Be, Have동사의 수, 인칭, 시제에 따른 변화형 익히기

1 인칭대명사와 시제 변화에 맞춰서 Do, Be, Have동사 읽기

1. 인칭대명사에 맞춰서 현재형으로 읽기
2. 인칭대명사에 맞춰서 과거형으로 읽기
3. 인칭대명사에 맞춰서 have/has+과거분사형으로 읽기

구분 종류	수	인칭		시제		
				현재형	과거형	과거분사형
Do(원형)	단수	1인칭	I	do	did	done
		2인칭	You	do		
		3인칭	He/She/It	does		
	복수	We/You/They		do		
Be(원형)	단수	1인칭	I	am	was	been
		2인칭	You	are	were	
		3인칭	He/She/It	is	was	
	복수	We/You/They		are	were	
Have(원형)	단수	1인칭	I	have	had	had
		2인칭	You	have		
		3인칭	He/She/It	has		
	복수	We/You/They		have		

교수법 인칭대명사와 시제에 맞춰서 읽는 데 소요되는 시간을 측정

시 간 걸린 시간 : _____분 _____초

② Do, Be, Have동사의 수, 인칭, 시제에 따른 변화형 쓰기

o 인칭대명사에 맞는 Do, Be, Have동사의 현재형, 과거형, 과거분사형을 쓰세요.

구분 / 종류	수	인칭		시 제		
				현재형	과거형	과거분사형
Do(원형)	단수	1인칭	I	do	④ ( )	⑤ ( )
		2인칭	You	① ( )		
		3인칭	He/She/It	② ( )		
	복수	We/You/They		③ ( )		
Be(원형)	단수	1인칭	I	am	⑧ ( )	⑫ ( )
		2인칭	You	⑥ ( )	⑨ ( )	
		3인칭	He/She/It	⑦ ( )	⑩ ( )	
	복수	We/You/They		are	⑪ ( )	
Have(원형)	단수	1인칭	I	⑬ ( )	⑯ ( )	⑰ ( )
		2인칭	You	⑭ ( )		
		3인칭	He/She/It	⑮ ( )		
	복수	We/You/They		have		

점 수 맞은 문항 수 : _____ / 17개

Date : 20_____. _____. _____.   Name : _____

연습문제 **1.** Do, Be, Have동사로 도형 채우기 1

○ 다음 〈보기〉에서 도형 안의 인칭대명사에 맞는 적절한 단어를 선택하여 쓰세요.

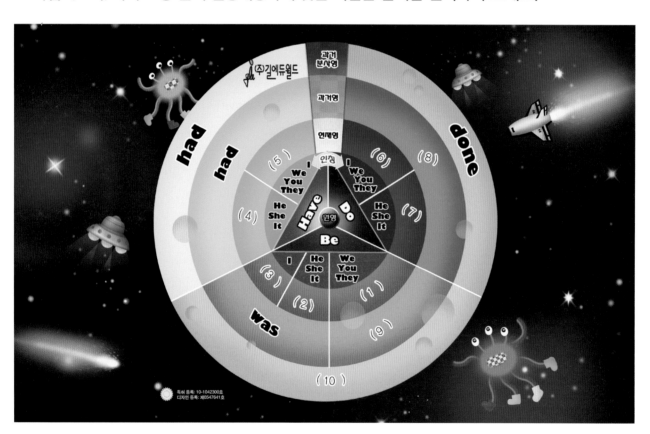

보기

am / are / is / was / were / been / have / has / had / do / does / did

문항	정 답	문항	정 답	문항	정 답	문항	정 답
(1)		(4)		(7)		(9)	
(2)		(5)		(8)		(10)	
(3)		(6)				점수 : _____ / 10개	

연습문제 2. Do, Be, Have동사로 빈칸 채우기

○ 수, 인칭, 시제에 맞춰서 do, be, have동사 쓰기

01 주어가 1인칭 단수이면서 시제가 현재시제이면 be동사는 _____ 이다.

02 주어가 2인칭 단수이면서 시제가 현재시제이면 be동사는 _____ 이다.

03 주어가 3인칭 단수이면서 시제가 현재시제이면 be동사는 _____ 이다.

04 주어가 1인칭 단수이면서 시제가 과거시제이면 be동사는 _____ 이다.

05 주어가 2인칭 단수이면서 시제가 과거시제이면 be동사는 _____ 이다.

06 주어가 3인칭 단수이면서 시제가 과거시제이면 be동사는 _____ 이다.

07 주어가 1인칭 복수이면서 시제가 현재시제이면 be동사는 _____ 이다.

08 주어가 3인칭 복수이면서 시제가 현재시제이면 be동사는 _____ 이다.

09 주어가 1인칭 복수이면서 시제가 과거시제이면 be동사는 _____ 이다.

10 주어가 2인칭 복수이면서 시제가 과거시제이면 be동사는 _____ 이다.

11 주어가 3인칭 복수이면서 시제가 과거시제이면 be동사는 _____ 이다.

12 주어가 1인칭 단수이면서 시제가 현재시제이면 have동사는 _____ 이다.

13 주어가 2인칭 단수이면서 시제가 현재시제이면 have동사는 _____ 이다.

14 주어가 3인칭 단수이면서 시제가 현재시제이면 have동사는 _____ 이다.

15 주어가 1인칭 단수이면서 시제가 현재시제이면 do동사는 _____ 이다.

16 주어가 2인칭 단수이면서 시제가 현재시제이면 do동사는 _____ 이다.

17 주어가 3인칭 단수이면서 시제가 현재시제이면 do동사는 _____ 이다.

18 주어가 3인칭 복수이면서 시제가 과거시제이면 do동사는 _____ 이다.

19 주어가 1인칭 단수이면서 시제가 과거시제이면 have동사는 _____ 이다.

20 주어가 2인칭 복수이면서 시제가 과거시제이면 have동사는 _____ 이다.

점수 맞은 문항 수 : _____ / 20개

🗨️ 3. Do, Be, Have동사 쓰임 문장으로 익히기

○ do, be, have동사 중에서 하나를 선택하여 <u>수, 인칭, 시제</u>에 맞게 영어 문장을 완성하세요.

01 나는 지금 즐겁다.　　　　　　　　　　I _____ pleased now.

02 그는 똑똑한 학생이다.　　　　　　　　He _____ a smart student.

03 나는 아침 8시에 아침을 먹는다.　　　　I _____ breakfast at eight in the morning.

04 그녀는 예쁜 인형을 갖고 있다.　　　　She _____ a pretty doll.

05 우리는 모든 일에 최선을 다하고 있다.　We _____ our best in everything.

06 어머니는 일요일마다 마트에서 장을 보신다.　My mother _____ grocery shopping at a mart on Sundays.

07 나는 어제 즐거웠다.　　　　　　　　　I _____ pleased yesterday.

08 그는 똑똑한 학생이었다.　　　　　　　He _____ a smart student.

09 나는 아침 8시에 아침을 먹었다.　　　　I _____ breakfast at eight in the morning.

10 그녀는 예쁜 인형을 갖고 있었다.　　　She _____ a pretty doll.

11 우리는 모든 일에 최선을 다했다.　　　We _____ our best in everything.

12 이모님은 30분 전에 설거지를 하셨다.　My aunt _____ the dishes thirty minutes ago.

13 그는 지금 즐겁다.　　　　　　　　　　He _____ pleased now.

14 그녀는 지금 피곤하다.　　　　　　　　She _____ tired now.

15 그녀는 아침 8시에 아침을 먹는다.　　　She _____ breakfast at eight in the morning.

16 그들은 예쁜 인형을 갖고 있다.　　　　They _____ a pretty doll.

17 그는 모든 일에 최선을 다하고 있다.　　He _____ his best in everything.

18 나는 내 숙제를 매우 잘하고 있다.　　　I _____ my homework very well.

19 너는 모든 일에 최선을 다하고 있다.　　You _____ your best in everything.

20 우리는 토요일마다 마트에서 장을 보았다.　We _____ grocery shopping at a mart on Saturdays.

[교수법] 국어 문장을 보고 영어 문장으로 말하는 데 소요되는 시간을 측정

[시 간] 걸린 시간 : _____분 _____초

[점 수] 맞은 문항 수 : _____ / 20개

연습문제 **4.** 국어로 해석하기

O 다음 영어 문장을 해석하세요.

01 I am pleased now. → 나는 지금 즐겁다. _____

02 He is a smart student. → _____

03 I have breakfast at eight in the morning. → _____

04 She has a pretty doll. → _____

05 We do our best in everything. → _____

06 My mother does grocery shopping at a mart on Sundays.

    → _____

07 I was pleased yesterday. → _____

08 He was a smart student. → _____

09 I had breakfast at eight in the morning. → _____

10 She had a pretty doll. → _____

11 We did our best in everything. → _____

12 My aunt did the dishes thirty minutes ago.

    → _____

13 He is home now. → _____

14 She is tired now. → _____

15 She has breakfast at eight in the morning. → _____

16 They have a pretty doll. → _____

17 He does his best in everything. → _____

18 I do my homework very well. → _____

19 You do your best in everything. → _____

20 We do grocery shopping at a mart on Saturdays.

    → _____

교수법 영어 문장을 보고 국어 문장으로 해석하는 데 소요되는 시간을 측정

시 간 걸린 시간 : _____분 _____초

점 수 맞은 문항 수 : _____ / 20개

연습문제 5. 영어 문장으로 Do, Be, Have동사 쓰임 익히기

○ 밑줄 친 틀린 부분을 올바르게 고치세요.

01 I **are** pleased now.   am ---------------

02 He **am** a smart student.   ---------------

03 I **has** breakfast at eight in the morning.   ---------------

04 She **have** a pretty doll.   ---------------

05 We **does** our best in everything.   ---------------

06 My mother **do** grocery shopping at a mart on Sundays.   ---------------

07 I **were** pleased yesterday.   ---------------

08 He **are** a smart student.   ---------------

09 I **do** breakfast at eight in the morning.   ---------------

10 She **have** a pretty doll.   ---------------

11 We **have** our best in everything.   ---------------

12 My aunt **do** the dishes thirty minutes ago.   ---------------

13 He **does** home now.   ---------------

14 She **has** tired now.   ---------------

15 She **have** breakfast at eight in the morning.   ---------------

16 They **has** a pretty doll.   ---------------

17 He **do** his best in everything.   ---------------

18 I **does** my homework very well.   ---------------

19 You **does** your best in everything.   ---------------

20 We **does** grocery shopping at a mart on Saturdays.   ---------------

교수법 틀린 부분을 고쳐 쓰고, 각 영어 문장을 큰 소리로 2회 연속하여 읽기
시 간 걸린 시간 : _____분 _____초
점 수 맞은 문항 수 : _____ / 20개

연습문제 6. 빈칸 채워 영어 문장 완성하기

O 국어 문장에 맞도록 빈칸을 채워 영어 문장을 완성하세요.

01 나는 지금 즐겁다.

I _am pleased_ now.

02 그는 똑똑한 학생이다.

_____ a smart _____.

03 나는 아침 8시에 아침을 먹는다.

_____ breakfast at eight in the morning.

04 그녀는 예쁜 인형을 갖고 있다.

_____ a pretty doll.

05 우리는 모든 일에 최선을 다하고 있다.

_____ our best in everything.

06 어머니는 일요일마다 마트에서 장을 보신다.

_____ grocery shopping at a mart on Sundays.

07 나는 어제 즐거웠다.

_____ pleased yesterday.

08 그는 똑똑한 학생이었다.

_____ a smart student.

09 나는 아침 8시에 아침을 먹었다.

_____ breakfast at eight in the morning.

10 그녀는 예쁜 인형을 갖고 있었다.

_____ a pretty doll.

11 우리는 모든 일에 최선을 다했다.

_____ our best in everything.

12 이모님은 30분 전에 설거지를 하셨다.

_____ the dishes thirty minutes ago.

13 그는 지금 집에 있다.

_____ now.

14 그녀는 지금 피곤하다.

_____ tired now.

15 그녀는 아침 8시에 아침을 먹는다.

_____ breakfast at eight in the morning.

16 그들은 예쁜 인형을 갖고 있다.

_____ a pretty doll.

17 그는 모든 일에 최선을 다하고 있다.

_____ his best in everything.

18 나는 나의 숙제를 매우 잘하고 있다.

_____ my homework very well.

19 너는 모든 일에 최선을 다하고 있다.

_____ your best in everything.

20 우리는 토요일마다 마트에서 장을 본다.

_____ grocery shopping at a mart on Saturdays.

교수법 국어 문장을 보고 영어 문장으로 작문하는 데 소요되는 시간을 측정

시 간 걸린 시간 : ____분 ____초

점 수 맞은 문항 수 : ____ / 20개

연습문제 7. 미로 찾기로 영어 문장 만들기

○ 아기양이 엄마양에게 가는 길을 올바르게 안내하는 영어단어를 찾아 빈칸을 채워 영어 문장을
만들어보세요. (※ 그림 힌트 : 장애물이 있거나 길이 막히면 갈 수 없어요.)

정답 ▶ p. 249

정답 쓰기

2개 단어		2개 단어	3개 단어	2개 단어

응용문제

❶ 나는 지금 기쁘다. → --

❷ 그는 마트에서 장을 본다. → --

❸ 그들은 그들의 숙제를 잘 하고 있다. → --

8. 그림에서 영어단어 찾아 작문하기

- 스마트폰용 게임 : Play Store에서 "길에듀월드"로 검색하여 "그림에서 영어단어 찾아 영작문 익히기" 앱을 다운로드.
- 컴퓨터용 게임 : 길에듀월드 홈페이지(www.puzzlish.net) 접속하여 이용.

1. 그림 속에서 영어단어를 찾아 기본문제로 주어진 국어 문장에 맞는 영어 문장을 쓰세요.
(※ 도형 테두리 힌트 : 빨강 — 주어, 파랑 — 동사, 녹색 — 목적어 자리)

정답 ▶ p. 250

기본문제 1

그녀는 예쁜 인형을 갖고 있다.(게임 3형식   4 선택)

3개 단어

응용문제

❶ 나는 예쁜 인형을 갖고 있다. ➡ _____

❷ 그는 어제 예쁜 인형을 갖고 있었다. ➡ _____

❸ Judy는 예쁜 인형을 갖고 있다. ➡ _____

2. 그림 속에서 영어단어를 찾아 기본문제로 주어진 국어 문장에 맞는 영어 문장을 쓰세요.

(※ 도형 테두리 힌트 : 빨강 — 주어, 파랑 — 동사, 노랑 — 보어 자리)

정답 ▶ p. 250

기본문제 2

이 생선은 싱싱하다.(게임 2형식-2 선택)

　　　2개 단어

응용문제

❶ 이 음식은 신선하다.

　➡ --

❷ 나는 생선을 좋아한다.

　➡ --

❸ 이 생선은 나의 것이다.

　➡ --

3. 그림 속에서 영어단어를 찾아 기본문제로 주어진 국어 문장에 맞는 영어 문장을 쓰세요.

(※ 도형 테두리 힌트 : 빨강 — 주어, 파랑 — 동사, 녹색 — 목적어, 분홍 — 수식어 자리)

정답 ▶ p. 251

기본문제 3

우리는 어제 동물원에서 코끼리들을 보았다.(게임 3형식−1 선택)

3개 단어

응용문제

❶ 나는 동물원에서 사자들을 보았다.

→ --

❷ 우리는 동물원에서 호랑이들을 보았다.

→ --

❸ 나는 원숭이를 좋아한다.

→ --

연습문제 **9.** Crossword Puzzle

O 올바른 영어 문장이 될 수 있도록 가로세로 퍼즐 빈칸에 들어갈 단어를 <u>보기</u>에서 찾아서 쓰세요.

● **Gilmeg Puzzle 1**

4개 문장 완성

				her	homework	every day
		met		duty.		
			on	my	birthdays	
		yesterday				

보기

I / She / This / does / has / invite / him / is / do

점수 : _____ / 7개

응용문제

❶ 나는 그를 매일 만난다.

→ _____

❷ 나는 어제 내 생일에 그녀를 초대했다.

→ _____

4개 문장 완성

		He			duty

| | | home | now |

| a |

| | | |

| student |

보기

They / She / is / smart / are / his / does

점수 : _____ / 7개

응용문제

❶ 나는 어제 집에 있었다.

➜ --

❷ 그들은 지금 행복하다.

➜ --

교재 + 교구 + 게임으로 기초영문법을 재미있고 쉽게 익히자!

Unit 2

Do동사 쓰임과 용법 익히기

DO동사 개념 및 쓰임 이해하기

Chapter 1

Do동사의 개념 이해

○ 다음의 <u>밑줄 친 부분</u>에 적절한 말을 채우거나 <u>둘 중에서 맞는 것</u>을 선택하여 이야기를 완성해 보세요.

영어 문장에서 뼈대 같은 역할을 하는 'do'는 동사로 다양한 의미를 가지고 있고, 의문문이나 부정문을 만드는데 조동사로도 쓰이고 있습니다. 특허받은 색상인지학습법을 토대로 하여 문장의 구성성분을 주어(■), 동사(■), 보어(□), 목적어(■), 수식어(■) 5가지를 색상으로 구분한 다음 영어 문장을 접목하여 **'do'동사와 인칭대명사** 간의 쓰임을 도형과 색상을 활용하여 이해하기 쉽게 정리하였습니다.

칠판 한가운데 그려진 빨간색 동그라미를 중심으로 'do동사'를 인칭에 따라 3종류로 구분하고, 그것에 따라 시제(현재와 과거)를 구분하여 도형과 색상으로 6개 부분으로 나눈 다음 영어 문장을 문장구성 성분별로 접목시켜 'do동사'가 영어의 3박자 수, 인칭, 시제에 맞추어 문장 내에서 어떻게 사용되어야 하는지를 명확하게 제시하고 있습니다. 퍼즐 예문에서 현재시제는 습관이나 반복적인 행위를 표현할 때 쓰고, 과거시제는 현재 이전에 이미 행한 어떤 일을 표현할 때 쓰며, **부사 'yesterday(어제)'나 'last (지난)'**가 포함된 문장에서는 과거시제를 써야 한다는 것이 중요합니다.

그러면, 이런 'do동사'의 정체를 밝힐 수 있는 주문들을 마법사로부터 터득해 가는 '맥퍼즐'과 함께 재미있고 신나는 영어마법나라 탐험을 떠나 볼까요.

① Do동사 쓰임 익히기

do가 동사로 쓰일 때는 우선 주어가 단수인지 _____인지에 따라 다르고, _____과 시제에 따라서도 그 모습이 다르단다.

예를 들어, 주어가 **1인칭**이나 **2인칭**이면서 단수이고 **현재시제**이면 _____를 쓰고, 주어가 **3인칭**이면서 단수이고 **현재시제**이면 _____를 써야 한단다.

맞아요, 맞아.

마법사님, 기억이 어렴풋이 나는 것 같아요.

그런데 주어의 인칭에 관계없이 **과거시제**이면 _____를 써야 하잖아요?

옳거니. 이제 좀 기억이 나는 모양이구나.

그리고 기본동사 퍼즐에서 알려주었듯이 **완료시제**에 쓰일 때는 <u>did/done</u>을 써야 한단다.

그리고 'done'이 **현재완료**에 쓰이는 경우에는 _____ / _____ + done이라고 해야 되고요.

그렇지. 내가 퍼즐 안에 과거분사가 있어서 '현재완료'라는 말을 알려는 주었다만, 그것에 너무 신경쓰지 마라. 지금 너에게 중요한 것은 do동사가 수, 인칭, 시제에 따라서 어떻게 변하는지를 확실히 이해하는 것이다.

 알겠어요, 마법사님. 그런데 'do'가 동사로도 쓰이지만 동사를 도와주는 조동사로도 쓰이고 있다는 말을 들은 적이 있어요. 그리고 비(be동사)와 두더지(do, does, did)가 몹시 싫어하고 있다는 전설에 대해서도 몹시 궁금해요.

 알았다 알았어. do동사가 문장에서 여러 뜻으로 쓰이는 것은 나중에 알아보기로 하자. 그럼, 오늘은 맥퍼즐이 그 전설에 대해 궁금해 하니 두더지(_____, does, _____)와 비(be동사: am, _____, _____, was, _____)가 어쩌다 서로를 몹시 싫어하게 되었는지 그 전설을 들려주마.

 허참, 이상한 일이네요. 두더지와 비는 왜 그렇게 서로를 미워하나요?

 그것은 말이다.
영어마법나라 사람들은 비가 오는 날에는 두더지(_____, _____, did)를 잡아 두었다가 **일반동사/ be동사**가 들어간 문장을 _____ 이나 **부정문**으로 만들 때, 중요한 약(도구)으로 써야만 문장에서 살아남을 수 있다는 전설을 믿고 있었다는구나. 그래서 비가 오는 날이면 사람들이 두더지들을 잡으려고 난리가 났기 때문에 두더지들은 비(be동사)가 있는 문장에는 절대로 나타날 수가 없었단다.

 그럼, 두더지를 잡아서 **의문문**이나 _____ 에 그냥 넣으면 약이 되었나요?

 그건 아니란다. _____ 이나 **부정문**에 두더지를 약(도구)으로 쓰려면 철저한 영어마법나라 규칙을 지켜야만 약의 효과를 볼 수 있었단다. **의문문**의 경우에는 두더지(_____, _____, _____) 중 하나를 선택하여 주어 **앞/뒤**에 써주어야 하고, **부정문**은 주어 다음 두더지(do, does, did) 중 하나를 선택한 후에, **부정어 no/not**을 붙인 다음 항상 동사 **과거형/원형**을 써야 한다는 규칙을 따라야만 했지.
또한, 두더지는 집주인이나 **때(시제)**에 따라 반드시 다른 모습으로 나타나야 했지. 영어를 좀 하는 사람들은 이 집주인을 **시제/인칭**이라고 부른단다.

 그러니까 두더지는 _____ 과 시제에 맞게 써야만 약이 된다는 말씀이잖아요?

그렇지, 맥퍼즐이 이해력이 아주 좋구나.

그리고 문장에 'be동사'가 있으면, 두더지(do, does, did)가 나타나겠느냐?

그런 일은 하늘이 두 쪽 나는 일이 있어도 불가능한 일이라고 했지.

일반동사가 쓰인 문장에서만 have/be/do동사를 도구로 사용해서 _____이나 **부정문**을 만든다는 것을 명심 또 명심해야 한다.

그런데 마법사님.

규칙은 알았는데, 실제 문장에서는 어떻게 써야 하는지 잘 모르겠어요.

그래. 염려 말거라. 이제부터 그 특별한 마법주문을 알려주마.

잘 들어라.

우선, do동사를 가지고 **의문문**을 만들려면, **주어/목적어/보어**의 **인칭/개념**을 잘 보고, 동사의 **시제/목적어**까지 꼼꼼히 살펴보아야 한다. 그 다음은 두더지(_____, _____, _____) 중에 하나를 선택해서 문장의 **맨 앞자리**에 써주면 된단다.

하지만 이때 명심해야 할 것은 두더지가 문장 맨 앞에 나가면서 동사의 **시제/원형**에 맞게 모습을 변신했으니까 주어 다음의 일반동사는 반드시 **과거형/원형**을 써야 한단다. 이 규칙은 하늘만큼 땅만큼 중요하니까 절대로 잊으면 안 된다.

자, 그럼 예문을 들어줄 테니, 네가 한 번 **의문문**으로 바꿔보아라.

예 John likes Anna. (존은 안나를 좋아해.)

→ _____ Anna? (존은 안나를 좋아하니?)

예 I met John yesterday. (나는 어제 존을 만났어.)

→ _____ John yesterday? (너는 어제 존을 만났니?)

우선 do동사를 가지고 **부정문**을 만들려면, 주어의 수와 _____ 그리고 행위나 사건이 일어나는 시점을 나타내는 동사의 _____까지 **3박자**가 제대로 맞아야 완벽한 문장이 된단다.

이 3박자를 잘 살폈으면, 그 다음은 두더지(do, does, did) 중에 하나를 선택해서 그 뒤에 **부정어** _____을 붙여주면 된단다.

그리고 하늘만큼 땅만큼 아주 중요한 규칙이 하나 더 있었는데 기억하고 있느냐?

그럼요. 그것은 바로 두더지가 동사의 시제에 맞게 모습을 변신했으니까 주어 다음의 동사는 **현재형/원형**을 써야 해요.

그럼, 이번에는 내가 준 예문을 가지고 **부정문**을 만들어보거라.

예 John likes Anna. (존은 안나를 좋아해.)

→ _____ Anna. (존은 안나를 좋아하지 않아.)

예 I met John yesterday. (나는 어제 존을 만났어.)

→ _____ John yesterday. (나는 어제 존을 만나지 않았어.)

맥퍼즐아, 위와 같은 의문문과 부정문을 잘 만들려면 **주어의 인칭과 시제에 맞는** do동사의 변화형 **마법 주문 도표를 꼭 익혀야 한단다.**

단수/복수	인칭		원형	현재형	과거형	과거분사형
단수	1인칭	I	do	do	did	done
	2인칭	You		do		
	3인칭	He/She/It		does		
복수	We/You/They			do		

 마법사님, 걱정 마세요. 제가 do동사 쓰임을 꼭 익혀서 친구들에게 잘 알려줄게요.

 그래, 네가 잘 해낼 수 있다고 믿고 있으마.

Chapter

2

인칭대명사와
Do동사 쓰임 익히기

1 인칭에 맞는 do동사 (현재형과 과거형) 를 <u>선으로 연결</u>하세요.

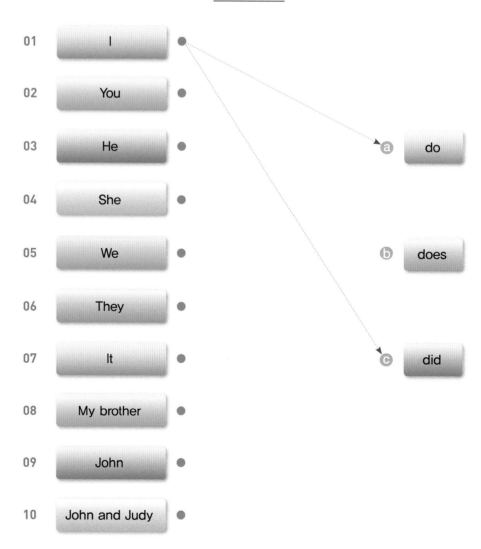

01	I
02	You
03	He
04	She
05	We
06	They
07	It
08	My brother
09	John
10	John and Judy

ⓐ do

ⓑ does

ⓒ did

② 인칭에 맞는 do동사+not의 축약형(현재형과 과거형)을 선으로 연결하세요.

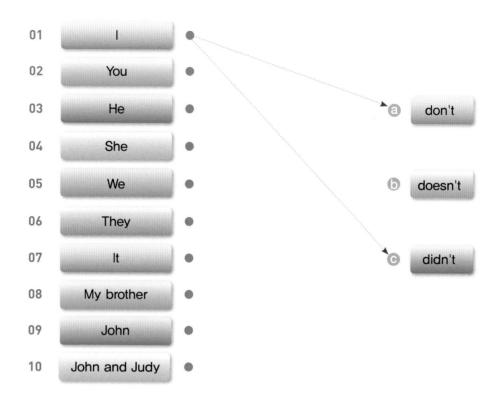

01	I	●
02	You	●
03	He	●
04	She	●
05	We	●
06	They	●
07	It	●
08	My brother	●
09	John	●
10	John and Judy	●

ⓐ don't
ⓑ doesn't
ⓒ didn't

③ 예문으로 Do동사의 뜻을 익히세요.

• Do동사 퍼즐 예문

예문 및 설명	해석과 Do동사의 뜻
1. I do my duty very well. → 주어 'I'가 1인칭 단수이면서 현재시제이므로 'do'.	나는 내 의무를 매우 잘 실행하고 있다. do : (일이나 의무 따위를) 실행하다, 수행하다.
2. I did my homework last night. → 주어 'I'가 1인칭 단수이면서 부사 'last'가 쓰인 과거 시제이므로 'did'.	나는 어젯밤에 숙제를 했다. did : (과제·활동을) 했다.
3. It does good to me now. → 주어 'It'이 3인칭 단수이면서 부사 'now'가 쓰인 현재 시제이므로 'does'.	그것이 지금 나에게 이익이 된다. does : (~에게) 이익이나 손해 따위를 주다.
4. He did harm to us yesterday. → 주어 'He'가 3인칭 단수이면서 부사 'yesterday'가 쓰 인 과거시제이므로 'did'.	그는 어제 우리에게 해를 입혔다. did : (~에게) 이익이나 손해 따위를 주었다.

5. We do our best in everything.
→ 주어 'We'가 1인칭 복수이면서 현재시제이므로 'do'.
cf) You do your best in everything.
    They do their best in everything.
	우리는 모든 일에 최선을 다하고 있다.
	do : (일이나 의무 따위를) 수행하다.
	cf) 너희들은 모든 일에 최선을 다하고 있다.
	    그들은 모든 일에 최선을 다하고 있다.

6. We did a favor to the poor last month. → 주어 'We'가 1인칭 복수이면서 부사 'last'가 쓰인 과 거시제이므로 'did'.	우리는 지난달에 가난한 사람들에게 호의를 베풀었다. did : (~에게) 경의·호의·옳은 평가 따위를 표했다, 베풀었다.

4 국어 문장에 맞도록 <u>do, does, did</u> 중에서 올바른 것을 선택하여 영어 문장을 완성하세요.

01 I _____ my duty vory woll.   나는 나의 의무를 대단히 잘 하고 있다.

02 I _____ my homework last night.   나는 지난밤에 숙제를 했다.

03 It _____ good to me now.   그것이 지금 나에게 이익이 된다.

04 He _____ harm to us yesterday.   그는 어제 우리에게 해를 입혔다.

05 They _____ their best in everything.   그들은 모든 일에 최선을 다하고 있다.

06 We _____ a favor to the poor last month. 우리는 지난달에 가난한 사람들에게 호의를 베풀었다.

07 How do you _____ these days?   너는 요즘 어떻게 지내고 있니?

08 I _____ a good deed for the poor.   나는 불쌍한 사람들을 위해 선행을 하고 있다.

09 We _____ a favor to the poor next month. 우리는 다음달에 가난한 사람들에게 호의를 베풀 것이다.

10 I _____ my room once a day.   나는 하루에 한 번 나의 방을 청소한다.

11 This restaurant _____ fish very well.   이 식당은 생선요리를 매우 잘한다.

12 My mother _____ the dessert every day.   어머니는 매일 디저트를 만드신다.

13 I sometimes _____ the dishes.   나는 때때로 설거지를 한다.

14 This medicine _____ me good.   이 약은 나를 좋아지게 한다.

15 My brother _____ his homework well.   나의 동생은 그의 숙제를 잘 한다.

의문문 만들 때
Do동사의 쓰임 익히기

Chapter 3

 의문문 만드는 방법

영어에서 의문문은 동사에 따라 만드는 방식이 다름.

1) 의문문에 대한 이해

'**의문**'이란 '의심이나 물음'을 나타내는 말이잖아요? 우리말로 "~입니까? ~니?"에 해당하는 모든 문장을 말하죠. 영어에서 의문문은 문두에 'be동사, 조동사, do동사'가 온 다음에 주어를 쓰고, 문장 끝에는 **물음표(?)**가 붙어요.

2) 의문문 종류 : 일반의문문, 의문사가 들어 있는 의문문, 부정의문문, 선택의문문, 간접의문문, 부가의문문

★이 교재에서는 **일반의문문**만 학습

3) 국어와 영어 의문문 비교를 통해 의문문 이해하기

시제 구분	국어 의문문	영어 의문문
현재	그는 선생님이니?	Is he a teacher?
	너는 그녀를 좋아하니?	Do you like her?
	그녀가 너를 좋아하니?	Does she like you?
과거	그는 선생님이었니?	Was he a teacher?
	너는 그녀를 좋아했니?	Did you like her?
	그녀가 너를 좋아했니?	Did she like you?

국어 의문문은 주어나 동사 종류에 관계없이 시제만 구분하여 문장 끝에 ~니? ~요? ~까?를 붙여 의문문을 만들어요. 하지만 영어 의문문은 주어의 인칭, 단ㆍ복수, 동사의 종류, 시제에 따라 의문문을 만드는 방법이 달라요.

4) 동사의 분류 익히기 : 동사에 따라 의문문 만드는 방법이 다름.

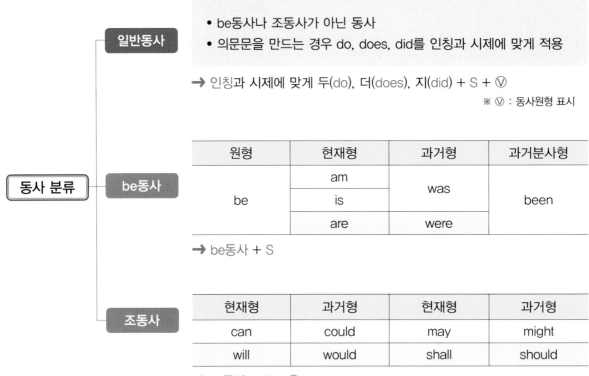

일반동사
- be동사나 조동사가 아닌 동사
- 의문문을 만드는 경우 do, does, did를 인칭과 시제에 맞게 적용

➡ 인칭과 시제에 맞게 두(do), 더(does), 지(did) + S + Ⓥ

※ Ⓥ : 동사원형 표시

be동사

원형	현재형	과거형	과거분사형
be	am	was	been
	is		
	are	were	

➡ be동사 + S

조동사

현재형	과거형	현재형	과거형
can	could	may	might
will	would	shall	should

➡ 조동사 + S + Ⓥ

② 평서문을 의문문으로 만들어보기

• 스마트폰용 게임 : Play Store에서 "길에듀월드"로 검색하여 "길맥 영어회화 게임" 앱을 다운로드.
• 컴퓨터용 게임 : 길에듀월드 홈페이지(www.puzzlish.net) 접속하여 이용.

1) be동사가 포함된 문장을 의문문으로 만들기

예제   **01**   He is a student.   →   <u>Is he</u>   a student? [의문문]

02   They are pleased today.   →   _____ pleased today?

03   She was happy yesterday.   →   _____ happy yesterday?

2) 조동사(can, may, should)가 포함된 문장을 의문문으로 만들기

예제   **01**   He can help you today. [평서문]   →   <u>Can he</u> help me today? [의문문]

02   She may go to your home tomorrow.   →   _____ go to your home tomorrow?

03   They should do their homework in the afternoon.   →   _____ do their homework in the afternoon?

3) 일반동사(do, meet, like)가 포함된 문장을 의문문으로 만들기

예제   **01**   You like singing. [평서문]   →   <u>Do you</u> like singing? [의문문]

02   I do my best in everything.   →   _____ do your best in everything?
'너는'을 주어로

03   Yunji likes Minho.   →   _____ Minho?

04   I had a good time last night.   →   _____ a good time last night?
'너는'을 주어로

05   He did his homework yesterday.   →   _____ his homework yesterday?

06   You met Sujin last week.   →   _____ Sujin last week?

07   She does her duty very well.   →   _____ her duty very well?

3 질문에 맞는 긍정적인 답변과 부정적인 답변을 써보세요.

01 A : Can you help me today?

B : Yes, _____

No, _____

02 A : Are you pleased today?

B : Yes, _____

No, _____

03 A : Were they happy yesterday?

B : Yes, _____

No, _____

04 A : Did they do their homework in the afternoon?

B : Yes, _____

No, _____

05 A : Did Minho meet Sujin last week?

B : _____, _____ did.

_____, _____ didn't.

06 A : Does Sujin do her duty very well?

B : _____, _____ does.

_____, _____ doesn't.

07 A : Did you have a good time last night?

B : _____, _____ didn't.

_____, _____ did.

④ 질문에 대한 긍정적 대답과 부정적 대답을 국어 문장에 맞게 해보세요.

01 A : 그는 학생입니까? ➡ Is he a student?

    B : **네**, 그는 학생이에요. ➡ Yes, he _____

       아니요, 그는 학생이 아니에요. ➡ No, he _____

02 A : 너는 지금 나의 집에 올 수 있니? ➡ Can you go to my home now?

    B : **응**, 나는 갈 수 있어. ➡ Yes, _____

       아니, 나는 갈 수 없어. ➡ No, _____

03 A : 너는 노래하는 것 좋아하니? ➡ Do you like singing?

    B : **응**, 나는 좋아해. ➡ _____, _____

       아니, 나는 좋아하지 않아. ➡ _____, _____

⑤ 국어 문장을 영어 문장으로 옮기세요.

01 그는 오늘 나를 도와줄 수 있나요? ➡ _____ help me today?

02 그들은 오늘 즐거운가요? ➡ _____ pleased today?

03 그녀는 어제 행복했나요? ➡ _____ happy yesterday?

04 그들은 오후에 그들의 숙제를 해야만 하나요? ➡ _____ do their homework in the afternoon?

05 당신은 지난주에 수진이를 만났나요? ➡ _____ Sujin last week?

06 그녀는 그녀의 맡은 일을 잘 하고 있나요? ➡ _____ her duty very well?

07 당신은 모든 일에 최선을 다하고 있나요? ➡ _____ do your best in everything?

08 윤지(Yunji)는 민호를 좋아하나요? ➡ _____ Minho?

09 당신은 어젯밤에 좋은 시간을 가졌나요? ➡ _____ a good time last night?

10 그는 어제 숙제를 했나요? ➡ _____ his homework yesterday?

❻ 의문문에 맞는 답변 익히기

질문에 대한 답변은 상대방이 언급한 주어와 동사를 중심으로 답변.

의문문 구분	답변 구분	
	긍정적인 답변	부정적인 답변
be동사가 포함된 의문문 답변 Are you happy?	Yes, 주어 + be동사 Yes, I am.	No, 주어 + be동사 + not No, I am not.
조동사가 포함된 의문문 답변 Can you help me?	Yes, 주어 + 조동사 Yes, I can.	No, 주어 + 조동사 + not No, I can't. (=can not)
일반동사가 포함된 의문문 답변 Did Minho meet her?	Yes, 주어 + do동사 Yes, he did.	No, 주어 + do동사 + not No, he didn't. (=did not)

1) be동사가 포함된 의문문 답변

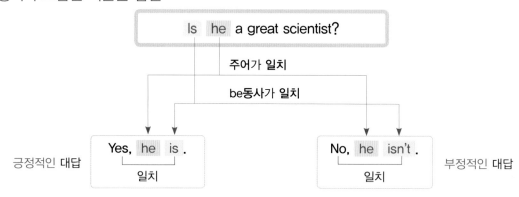

2) 조동사가 포함된 의문문 답변

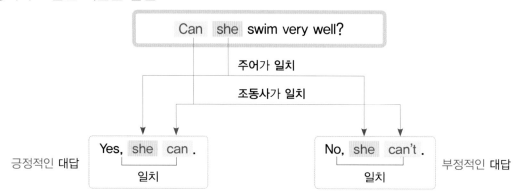

3) 일반동사가 포함된 의문문 답변

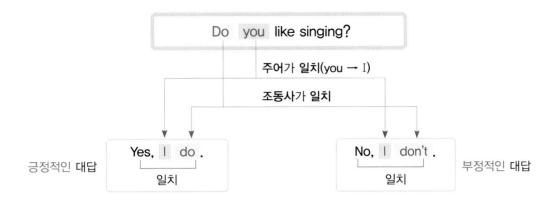

Chapter
4

부정문 만들 때
Do동사의 쓰임 익히기

① 부정문에 대한 이해

영어에서 부정문은 동사에 따라 만드는 방식이 다름.

1) 부정문에 대한 개념 이해

있는 사실 그대로를 말하는 평서문은 긍정문과 부정문으로 나뉘어요. 긍정문은 '~이다'라고 긍정적으로 표현하는 것이고, 부정문은 '행복하지 않다, 가수가 아니다'처럼 **'~지 않다', '~가 아니다'**라고 부정적으로 표현하는 것을 말해요. 영어에서 부정문은 주어 다음에 "be동사, 조동사(can, will, may), do동사" 다음에 부정어 'not'을 붙여주면 돼요.

2) 국어와 영어 부정문 비교를 통해 부정문 이해하기

시제 구분	국어 의문문	영어 의문문
현재	그는 선생님이 아니다.	He is not a teacher.
	너는 그녀를 좋아하지 않는다.	You do not like her.
	그녀는 너를 좋아하지 않는다.	She does not like you.
과거	그는 선생님이 아니었다.	He was not a teacher.
	너는 그녀를 좋아하지 않았다.	You did not like her.
	그녀는 너를 좋아하지 않았다.	She did not like you.

국어 부정문은 주어나 동사의 종류와 관계없이 시제만 구분하여 문장 끝에 '~아니다, ~않는다'를 붙여 부정문을 만들어요. 하지만 영어 부정문은 주어의 인칭, 단 · 복수, 동사의 종류, 시제에 따라 부정문을 만드는 방법이 달라요.

3) 동사의 분류 익히기 : 동사에 따라 부정문 만드는 방법이 다름(의문문 동사 분류표를 참조)

② 부정문 만드는 방법 익히기★★★

부정문 구분	문장 구분	
	긍정문	부정문 만드는 방법
be동사가 포함된 부정문	주어 + be동사 ~ He is a doctor.	주어 + be동사 + not ~ He is not a doctor.
조동사가 포함된 부정문	주어 + 조동사 + 동사 ~ He can be a doctor.	주어 + 조동사 + not + 동사 ~ He can not be a doctor.
일반동사가 포함된 부정문	주어 + 일반동사 ~ He likes a doctor.	주어 + do동사 + not + 일반동사 원형 He does not like a doctor.

③ be동사 / 조동사＋not 축약형 익히기★

is not = isn't	art not = aren't	was not = wasn't
do not = don't	does not = doesn't	did not = didn't
have not = haven't	has not = hasn't	had not = hadn't
can not = can't	will not = won't	could not = couldn't
would not = wouldn't	should not = shouldn't	were not = weren't

④ 긍정문을 <u>부정문</u>으로 만들기

> • 스마트폰용 게임 : Play Store에서 "길에듀월드"로 검색하여 "퍼즐리쉬 영어 문장 게임" 앱을 다운로드.
> • 컴퓨터용 게임 : 길에듀월드 홈페이지(www.puzzlish.net) 접속하여 이용.

1) be동사가 포함된 문장을 부정문으로 만들기

예제 01 I am good at sports. ➔ _____

02 My favorite color is white. ➔ _____

03 He was a student. ➔ _____

04 I was here yesterday. ➔ _____

05 They are serious. ➔ _____

2) 조동사가 포함된 문장을 부정문으로 만들기

예제 01 You must play soccer here. ➔ _____

02 I may be home in the afternoon. ➔ _____

03 You should do it today. ➔ _____

04 We will be late tonight. ➔ _____

05 I can translate this sentence into Korean. ➔ _____

3) 일반동사가 포함된 문장을 부정문으로 만들기

예제 01 I know it well. ➔ _____

02 My brother went to church last Sunday. ➔ _____

03 My computer works well. ➔ _____

04 My sister bought new shoes yesterday. ➔ _____

05 We danced on the stage yesterday. ➔ _____

5 의문문과 부정문을 만들 때 주어와 동사 시제에 따른 Do동사의 변화형 익히기

문장 구분	주어 구분			시제 구분	
				do 현재형 쓰기	do 과거형 쓰기
의문문	단 수	1인칭	I	do	⑦ ( )
		2인칭	You	① ( )	
		3인칭	He/She/It	② ( )	
	복 수	We/You/They		③ ( )	
부정문	단 수	1인칭	I	don't	⑧ ( )
		2인칭	You	④ ( )	
		3인칭	He/She/It	⑤ ( )	
	복 수	We/You/They		⑥ ( )	

6 의문문과 부정문을 만들 때 Do동사의 변화형 영어 문장으로 익히기

문장 구분	(힌트) do, does, did 중에서 하나를 선택하세요.	
	문 제	**해 석**
의문문	① ( ) I look pretty?	① 나 예뻐 보여요?
	② ( ) you meet Anna yesterday?	② 너는 어제 안나를 만났니?
	③ ( ) he meet Anna?	③ 그는 안나를 만나니?
	④ ( ) she meet John?	④ 그녀는 존을 만나니?
부정문	(힌트) don't, doesn't , didn't 중에서 하나를 선택하세요.	
	⑤ I ( ) look pretty.	⑤ 나는 예뻐 보이지 않아요.
	⑥ You ( ) meet Anna yesterday.	⑥ 너는 어제 안나를 만나지 않았다.
	⑦ He ( ) meet Anna.	⑦ 그는 안나를 만나지 않는다.
	⑧ She ( ) meet John.	⑧ 그녀는 존을 만나지 않는다.

7 국어 문장에 맞도록 빈칸을 채워 영어 문장을 완성하세요.

01 나는 스포츠에 능숙하지 않아요. ➜ _____ good at sports.

02 내가 가장 좋아하는 색상은 흰색이 아니에요. ➜ My favorite color _____ white.

03 너는 오늘 그것을 해서는 안 된다. ➜ _____ do it today.

04 우리는 오늘밤 늦지 않을 것이다. ➜ We _____ late tonight.

05 나는 이 문장을 한국어로 번역할 수가 없다. ➜ _____ translate this sentence into Korean.

06 그는 학생이 아니었어요. ➜ _____ a student.

07 나는 어제 여기에 없었어요. ➜ _____ here yesterday.

08 그들은 심각하지 않아요. ➜ _____ serious.

09 너희들은 여기서 축구를 하면 안 된다. ➜ _____ play soccer here.

10 나는 오후에 집에 없을는지도 모른다. ➜ _____ home in the afternoon.

11 나는 그것을 잘 몰라. ➜ _____ it well.

12 내 동생은 지난 일요일에 교회에 가지 않았어. ➜ My brother _____ to church last Sunday.

13 내 컴퓨터가 잘 작동되지 않아. ➜ My computer _____ well.

14 내 여동생은 어제 새 신발을 사지 않았어. ➜ My sister _____ new shoes yesterday.

15 나는 어제 학교에 가지 않았어. ➜ _____ to school yesterday.

Do동사의 기능을 한눈에 익히는 도표

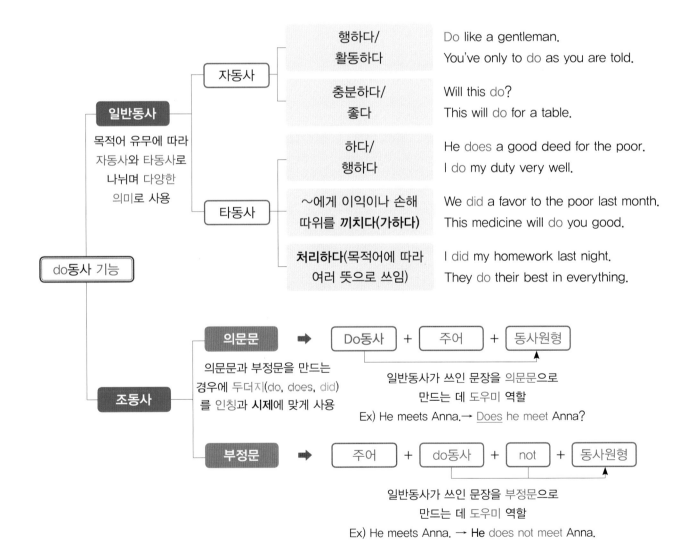

Chapter 5

일반동사

목적어 유무에 따라 자동사와 타동사로 나뉘며 다양한 의미로 사용

자동사

행하다/
활동하다

Do like a gentleman.
You've only to do as you are told.

충분하다/
좋다

Will this do?
This will do for a table.

타동사

하다/
행하다

He does a good deed for the poor.
I do my duty very well.

~에게 이익이나 손해 따위를 **끼치다(가하다)**

We did a favor to the poor last month.
This medicine will do you good.

처리하다(목적어에 따라 여러 뜻으로 쓰임)

I did my homework last night.
They do their best in everything.

do동사 기능

조동사

의문문과 부정문을 만드는 경우에 두더지(do, does, did)를 인칭과 **시제**에 맞게 사용

의문문 ➡ Do동사 + 주어 + 동사원형

일반동사가 쓰인 문장을 의문문으로
만드는 데 도우미 역할
Ex) He meets Anna. → <u>Does</u> he meet Anna?

부정문 ➡ 주어 + do동사 + not + 동사원형

일반동사가 쓰인 문장을 부정문으로
만드는 데 도우미 역할
Ex) He meets Anna. → He does not meet Anna.

교수법 이 부분은 초급 학습자에게는 다소 어려운 내용이므로 선생님이 학습자 수준을 고려하여 skip 여부를 판단하여 지도할 것을 권장함.

연습문제 1. 도형 안에 빈칸 채우기

○ 도형 안의 빈칸에 들어갈 알맞은 do동사를 쓰세요.

문제 답안지	문항	정 답	문항	정 답
	(1)		(4)	
	(2)		(5)	
	(3)		(6)	

연습 문제 **2.** 선으로 연결하기

○ 인칭대명사에 맞는 do동사(현재형과 과거형)를 <u>선으로 연결</u>하세요.

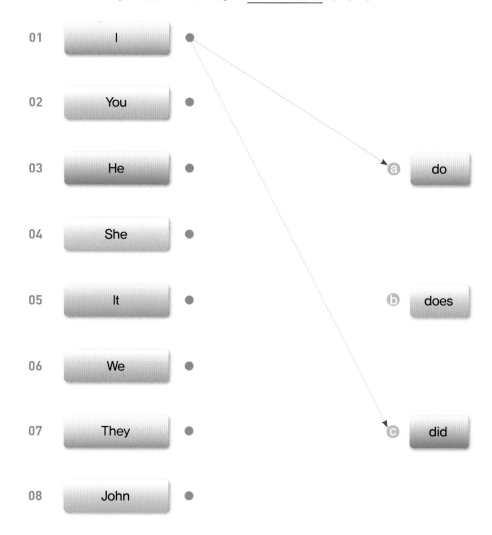

01 I ●

02 You ●

03 He ●

04 She ●

05 It ●

06 We ●

07 They ●

08 John ●

ⓐ do

ⓑ does

ⓒ did

3. 영어 문장으로 Do동사 쓰임 익히기 1

O 올바른 문장이 될 수 있도록 괄호 안에 <u>do동사의 적절한 형태</u>를 써보세요.

01 I _____ my duty very well. (do, does)

02 I _____ my homework last night.

03 It _____ good to me now.

04 He _____ harm to us yesterday.

05 They _____ their best in everything. (do, does)

06 We _____ a favor to the poor last month.

07 _____ like a gentleman.

08 You've only to _____ as you are told.

09 I _____ very well. (do, does)

10 My company _____ very well. (do, does)

11 How do you _____ these days?

12 Will this _____?

13 This will _____ for a table.

14 I _____ a good deed for the poor. (do, does)

15 We _____ a favor to the poor last month.

16 I _____ my room once a day.

17 This restaurant _____ fish very well. (do, does)

18 My sister _____ the dessert twice a week.

19 I will _____ the dishes.

20 This medicine will _____ you good.

연습문제 4. 영어 문장으로 Do동사 쓰임 익히기 2

○ 국어 문장에 맞도록 빈칸을 채워 영어 문장을 완성하세요.

01 나는 나의 의무를 대단히 잘하고 있다.　　　　　_____ my duty very well.

02 나는 지난밤에 숙제를 했다.　　　　　　　　　_____ my homework last night.

03 그것이 지금 나에게 이익이 된다.　　　　　　　_____ good to me now.

04 그는 어제 우리에게 해를 끼쳤다.　　　　　　　_____ harm to us yesterday.

05 그들은 모든 일에 최선을 다하고 있다.　　　　　_____ their best in everything.

06 우리는 지난달에 가난한 사람들에게 호의를 베풀었다. _____ a favor to the poor last month.

07 신사답게 행동해라.　　　　　　　　　　　　　_____ like a gentleman.

08 너는 그저 시키는 대로 하기만 하면 돼.　　　　　You've only to _____ as you are told.

09 나는 매우 잘 지내고 있다.　　　　　　　　　　_____ very well.

10 나의 회사는 실적이 아주 좋다.　　　　　　　　My company _____ very well.

11 너는 요즘 어떻게 지내고 있니?　　　　　　　　How _____ these days?

12 이것이면 되겠어?　　　　　　　　　　　　　　_____ this _____?

13 이것은 탁자로 십상이다.　　　　　　　　　　　This _____ for a table.

14 나는 불쌍한 사람들을 위해 선행을 하고 있다.　　_____ a good deed for the poor.

15 그는 가난한 사람들에게 호의를 베푼다.　　　　　_____ a favor to the poor.

16 나는 한 달에 한 번 쇼핑을 한다.　　　　　　　I _____ the shopping once a month.

17 이 식당은 생선요리를 매우 잘한다.　　　　　　This restaurant _____ fish very well.

18 내 여동생이 지금 디저트를 만들고 있다.　　　　My sister _____ the dessert now.

19 내가 설거지할게.　　　　　　　　　　　　　　_____ the dishes.

20 이 약이 당신을 좋아지게 할 것입니다.　　　　　This medicine _____ you _____.

연습문제 5. 의문문 만들기 1

O 다음 문장을 의문문으로 바꿔보세요.

01 They are pleased today.   그들은 오늘 즐거워요.

그들은 오늘 즐거운가요? ➡ --

02 She is a smart student.   그녀는 똑똑한 학생이에요.

그녀는 똑똑한 학생인가요? ➡ --

03 I do my best in everything.   나는 모든 일에 최선을 다하고 있어요.

당신은 모든 일에 최선을 다하고 있나요? ➡ --

04 He does his duty very well.   그는 그의 의무를 아주 잘 실행하고 있어요.

그는 그의 의무를 아주 잘 실행하고 있나요? ➡ ------------------------------------

05 It does good to me now.   그것은 지금 나에게 이익이 돼요.

그것은 지금 당신에게 이익이 되나요? ➡ --

06 He did his homework yesterday.   그는 어제 숙제를 했어요.

그는 어제 숙제를 했나요? ➡ --

07 Yunji likes Minho.   윤지는 민호를 좋아해요.

윤지는 민호를 좋아하나요? ➡ --

08 I had a good time last night.   나는 어젯밤에 좋은 시간을 가졌어요.

당신은 어젯밤에 좋은 시간을 가졌나요? ➡ ------------------------------------

09 They have a nice computer.   그들은 좋은 컴퓨터를 갖고 있어요.

그들은 좋은 컴퓨터를 갖고 있나요? ➡ --------------------------------------

10 Minho met Sujin last week.   민호는 지난주에 수진이를 만났어요.

민호는 지난주에 수진이를 만났나요? ➡ --------------------------------------

연습문제 6. 의문문 만들기 2

○ 다음 〈보기〉처럼 영어 문장을 국어 문장에 맞게 의문문으로 바꾸세요.

01 You are a doctor.

   보기 당신은 의사예요? → Are you a doctor? _____

02 He is a great scientist.

   그는 훌륭한 과학자예요? → _____

03 She was tired yesterday.

   그녀는 어제 피곤했어요? → _____

04 They were late in the morning.

   그들은 오전에 늦었어요? → _____

05 You like singing.

   당신은 노래 부르는 것을 좋아해요? → _____

06 Your mother cooks every day.

   당신의 어머니는 매일 요리를 하세요? → _____

07 She had lunch.

   그녀는 점심식사를 했어요? → _____

08 You are hungry now.

   당신은 지금 배고파요? → _____

09 He can run very fast.

   그는 매우 빨리 달릴 수 있어요? → _____

10 You could say that again.

   당신은 그것을 다시 한 번 말씀해 주실 수 있어요? → _____

11 You do exercise every day.

   당신은 매일 운동해요? → _____

12 I will invite my friends on my birthday.

   당신은 생일날 당신의 친구들을 초대하실 건가요? → _____

13 She is a nurse.

   그녀는 간호사예요? → _____

연습문제 **7.** 부정문 만들기

O 다음 〈보기〉처럼 영어 문장을 국어 문장에 맞게 부정문으로 바꾸세요.

01 I am ready to go out.

> **보기** 나는 외출할 준비가 되지 않았어요. → I am not ready to go out.

02 He is a great scientist.
그는 훌륭한 과학자가 아니에요. → _____

03 She was tired yesterday.
그녀는 어제 피곤하지 않았어요. → _____

04 They were late in the morning.
그들은 오전에 늦지 않았어요. → _____

05 You like singing.
당신은 노래 부르는 것을 좋아하지 않아요. → _____

06 Her mother cooks every day.
그녀의 어머니는 매일 요리를 하지 않으세요. → _____

07 I had lunch.
나는 점심식사를 하지 않았어요. → _____

08 We are hungry now.
우리는 지금 배고프지 않아요. → _____

09 He can run very fast.
그는 그다지 빨리 달릴 수 없어요. → _____

10 I could say that again.
나는 다시 그것을 말씀드릴 수 없어요. → _____

11 She does exercise every day.
그녀는 매일 운동하지 않아요. → _____

12 My brother will invite his friends on his birthday.
동생은 그의 생일날 친구들을 초대하지 않을 거예요.
→ _____

13 She is a nurse.
그녀는 간호사가 아니에요. → _____

8. Do동사 쓰임 익히기

O 다음 도표의 <u>각 번호</u>에 적합한 Do동사나 빠진 내용을 답안지에 쓰세요.

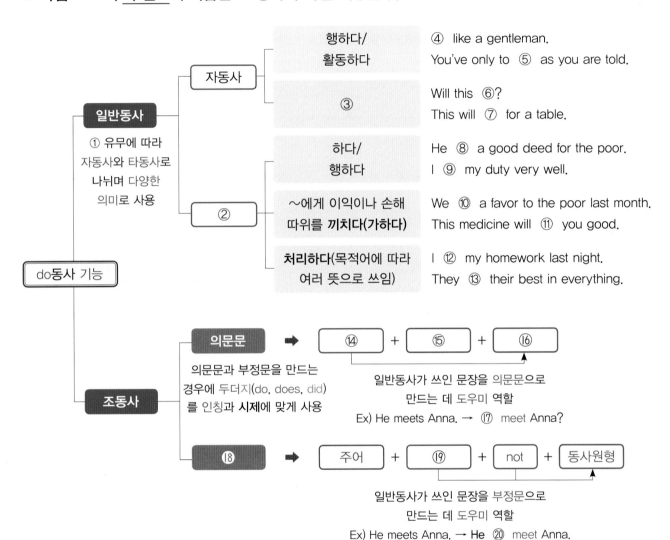

행하다/
활동하다

④ like a gentleman.
You've only to ⑤ as you are told.

③

Will this ⑥?
This will ⑦ for a table.

하다/
행하다

He ⑧ a good deed for the poor.
I ⑨ my duty very well.

~에게 이익이나 손해
따위를 끼치다(가하다)

We ⑩ a favor to the poor last month.
This medicine will ⑪ you good.

처리하다(목적어에 따라
여러 뜻으로 쓰임)

I ⑫ my homework last night.
They ⑬ their best in everything.

자동사

일반동사

① 유무에 따라
자동사와 타동사로
나뉘며 다양한
의미로 사용

②

do동사 기능

의문문 ➡ ⑭ + ⑮ + ⑯

의문문과 부정문을 만드는
경우에 두더지(do, does, did)
를 인칭과 **시제**에 맞게 사용

일반동사가 쓰인 문장을 의문문으로
만드는 데 도우미 역할
Ex) He meets Anna. → ⑰ meet Anna?

조동사

⑱ ➡ 주어 + ⑲ + not + 동사원형

일반동사가 쓰인 문장을 부정문으로
만드는 데 도우미 역할
Ex) He meets Anna. → He ⑳ meet Anna.

문항	정답	문항	정답	문항	정답	문항	정답
①		⑥		⑪		⑯	
②		⑦		⑫		⑰	
③		⑧		⑬		⑱	
④		⑨		⑭		⑲	
⑤		⑩		⑮		⑳	

문제
답안지

연습문제 9. 미로 찾기를 통한 영어 문장 연습

1. 우주선이 지구로 무사히 돌아올 수 있도록 올바른 길을 안내하는 영어단어를 찾아 빈칸을 채워 영어 문장을 만들어보세요.

(※ 그림 힌트 : 장애물이 있거나 길이 막혀 있으면 갈 수 없어요.)

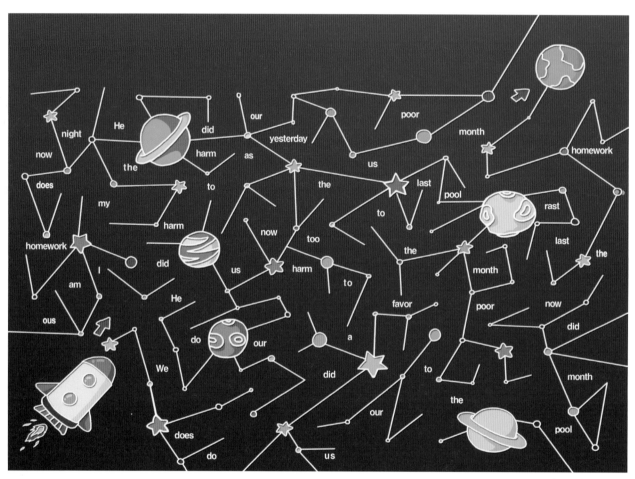

정답 ▶ p. 249

정답 쓰기

We [　　　　] [　　　　] [　　　　] [　　　　]
　　　　　　　2개 단어　　　3개 단어　　　2개 단어

응용문제

❶ 그는 나에게 호의를 베풀었다. → _____

❷ 나는 숙제를 저녁에 한다. → _____

❸ 그녀는 나에게 해를 끼친다. → _____

2. 맥퍼즐이 마법사에게 가는 데는 많은 위험이 도사리고 있어요. 무사히 미로를 빠져나갈 수 있
도록 올바른 길을 안내하는 영어단어를 찾아 빈칸을 채워 문장을 완성시키면 돼요.
(※ 힌트 : 장애물이 있거나 길이 막혀 있으면 갈 수 없으나 단어 장애물은 지나갈 수 있어요.)

Start

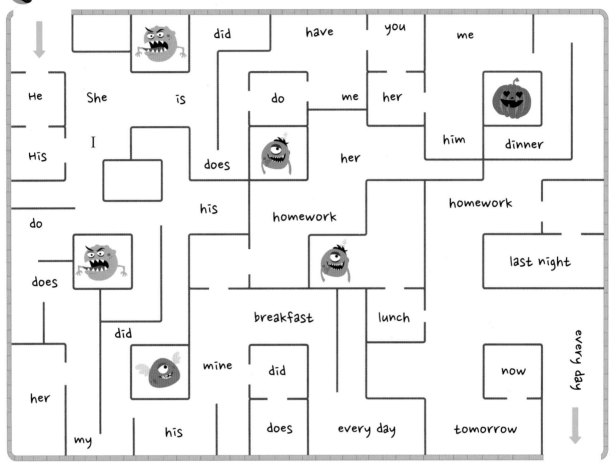

Finish

정답 쓰기

정답 ▶ p. 249

2개 단어

응용문제

❶ 나는 나의 숙제를 잘 하고 있다.

→ _____

❷ 그는 그의 숙제를 오전에 했다. (in the morning)

→ _____

3. 맥퍼즐이 마법사에게 가는 데는 많은 위험이 도사리고 있어요. 무사히 미로를 빠져나갈 수 있도록 올바른 길을 안내하는 영어단어를 찾아 빈칸을 채워 문장을 완성시키면 돼요.

(※ 힌트 : 장애물이 있거나 길이 막혀 있으면 갈 수 없으나 단어 장애물은 지나갈 수 있어요.)

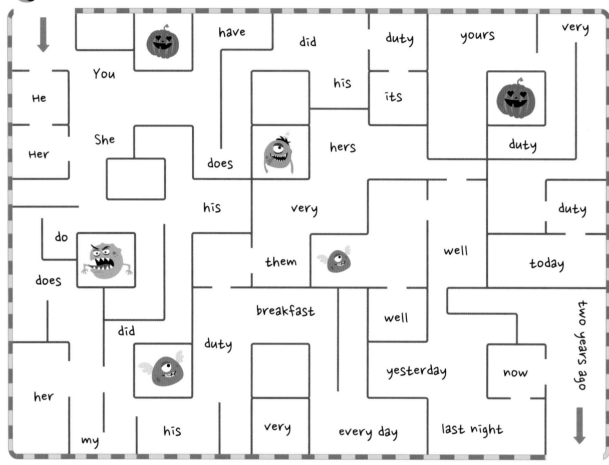

정답 쓰기

정답 ▶ p. 249

		2개 단어	2개 단어	

응용문제

❶ 그녀는 어제 그녀의 임무를 수행하지 않았다.

→ _____

❷ 나는 나의 임무를 아주 잘 수행하고 있다.

→ _____

4. 맥퍼즐이 마법사에게 가는 데는 많은 위험이 도사리고 있어요. 무사히 미로를 빠져나갈 수 있도록 올바른 길을 안내하는 영어단어를 찾아 빈칸을 채워 문장을 완성시키면 돼요.
   (※ 힌트 : 장애물이 있거나 길이 막혀 있으면 갈 수 없으나 단어 장애물은 지나갈 수 있어요.)

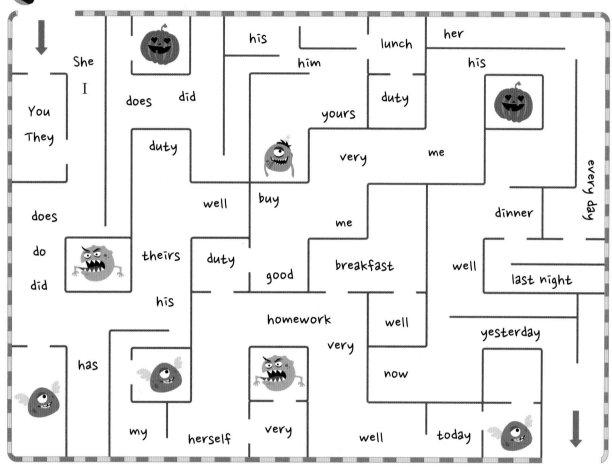

정답 쓰기 정답 ▶ p. 249

		2개 단어	2개 단어	

응용문제

❶ 그들은 지난밤에 그들의 임무를 잘 수행했다.

→ --

❷ 우리는 내일 우리의 임무를 잘 수행할 것이다.

→ --

10. 그림에서 영어단어 찾아 작문하기

- 스마트폰용 게임 : Play Store에서 "길에듀월드"로 검색하여 "그림에서 영어단어 찾아 영작문 익히기" 앱을 다운로드.
- 컴퓨터용 게임 : 길에듀월드 홈페이지(www.puzzlish.net) 접속하여 이용.

1. 그림 속에서 영어단어를 찾아 기본문제로 주어진 국어 문장에 맞는 영어 문장을 쓰세요.

(※ 도형 테두리 힌트 : 빨강 — 주어, 파랑 — 동사, 녹색 — 목적어, 분홍 — 수식어 자리)

정답 ▶ p. 251

기본문제 1

❶ 나는 내 의무를 매우 잘 실행하고 있다.(게임 3형식-5 선택)

❷ 우리는 모든 일에 최선을 다하고 있다.(게임 3형식-6 선택)

응용문제

❶ 그들은 그들의 의무를 매우 잘 실행하고 있다. ➡ _____

❷ 그들은 모든 것에 최선을 다하고 있다. ➡ _____

2. 그림 속에서 영어단어를 찾아 기본문제로 주어진 국어 문장에 맞는 영어 문장을 쓰세요.
(※ 도형 테두리 힌트 : 빨강 – 주어, 파랑 – 동사, 녹색 – 목적어, 분홍 – 수식어 자리)

정답 ▶ p. 251

기본문제 2

그녀는 병원에서 일하고 있다.(게임 1형식-2 선택)

3개 단어

응용문제

❶ 우리는 병원에서 일하고 있다.

→ _____

❷ 그녀는 병원에 있다.

→ _____

교재 + 교구 + 게임으로 기초영문법을 재미있고 쉽게 익히자!

Unit 3 Be동사 쓰임과 용법 익히기

Be동사 개념 및 쓰임 이해하기

Chapter 1

Be동사의 개념 이해

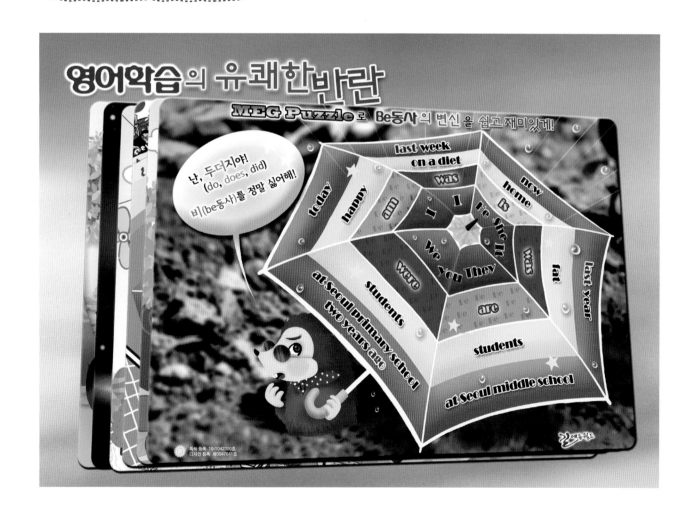

○ 다음의 밑줄 친 부분에 적절한 말을 채우거나 둘 중에서 맞는 것을 선택하여 이야기를 완성해 보세요.

영어 문장에서 뼈대 같은 역할을 하는 'be동사'는 뒤에 오는 품사에 따라 다른 의미로 쓰이고 있고, 영어에서 유일하게 인칭에 따라 다른 형태를 취하는 동사이며, 진행형이나 수동태 문장을 만드는데 도움을 주는 조동사로도 쓰이고 있습니다. 색상인지학습법을 토대로 하여 문장의 구성성분을 주어(■), 동사(■), 보어(□), 목적어(■), 수식어(■) 5가지를 색상으로 구분한 다음 영어 문장을 접목하여 'be동사'와 인칭대명사 간의 쓰임을 도형과 색상을 활용하여 이해하기 쉽게 정리하였습니다.

'be동사'를 우산 모양의 6각형 한가운데를 중심으로 주어를 수와 인칭에 따라 3종류로 구분하고, 시제(현재형과 과거형)에 따라 구분하여 도형과 색상으로 6개 부분으로 나눈 다음 영어 문장을 문장구성 성분별로 접목시켜 'be동사'가 영어의 3박자 수, 인칭, 시제에 맞추어 문장 내에서 어떻게 사용되어야 하는지를 명확하게 제시하고 있습니다. 퍼즐 예문에서 현재시제는 습관이나 반복적인 행위를 표현할 때 쓰고, 과거시제는 현재 이전에 이미 행한 어떤 일을 표현할 때 쓰며, **부사 last~(지난), ~ago(~전에)**가 포함된 문장에서는 **과거시제**를 써야 한다는 것이 중요합니다. 그러면, 이런 'be동사'의 정체를 밝힐 수 있는 주문들을 마법사로부터 터득해 가는 '맥퍼즐'과 함께 재미있고 신나는 영어마법나라 탐험을 떠나 볼까요.

1 Be동사 쓰임 익히기

마법사님! Be동사도 Do동사처럼 문장에서 **동사**와 ＿＿＿＿＿＿ 두 가지 역할을 한다고 했던 기억은 나는데, 문장에서 Be동사가 동사로 쓰일 때 무슨 뜻으로 쓰이는지 기억이 잘 안나요.

맥퍼즐아, 염려 말거라. Be동사는 **주어**가 누구인지, **때**를 나타내는 말(now, yesterday)이 무엇인지에 따라서 모양을 구분해서 써야 한단다.

아하, 이제 생각났어요.
그러니까 주어가 1인칭이면서 **단수**이고 **현재시제**이면 ＿＿＿＿＿을 쓰고, 주어가 **2인칭**이면서 **단수**이고, **현재시제**이면 ＿＿＿＿＿를 써요.
그리고 주어가 3인칭이면서 **단수**이고, **현재시제**이면 ＿＿＿＿＿를 써야 하고, 인칭에 관계없이 주어가 **복수**이고, **현재시제**이면 ＿＿＿＿＿를 쓰면 되죠.
그런데 마법사님, 주어의 수나 인칭에 관계없이 똑같은 모습을 하고 있는 과거분사 beet/been이라는 것이 있는데, 저 'been'은 언제 사용하는지 잘 모르겠어요.

맥퍼즐아, 기본동사 퍼즐 마법주문을 익힐 때 '**과거분사**'는 <u>**과거시제/현재완료**</u> 문장에 쓰인다고 했는데, 기억이 나느냐?

 으~음 _____는 어떤 동작이나 일이 끝난 후에도 그 상태가 현재까지 지속되고 있는 것을 나타내는 표현이라고 하신 것 같긴 한데…

 옳거니, 이제 좀 기억이 나는 모양이구나.

 아하~ be동사가 현재완료가 포함된 문장에 쓰이면, have/has + _____이 되는 거요?

 그렇지. 영어로 "나는 오늘 매우 바쁘다"는 "I _____ very busy today."라고 하잖니. 그러면, "나는 최근에 매우 바쁘다"를 영어로 말할 수 있겠느냐?

 I <u>has/have</u> been very busy lately.라고 합니다.

 어이쿠! 맥퍼즐아. 너 이제 눈치도 빠르고 자신감이 넘치는구나.
'**최근에**' lately는 정확히 어떤 시간을 말하는 것이 아니라, 어느 정도의 기간을 말하는 것이라서 **현재완료**와 찰떡궁합이란다. 영어 문장에 Be동사가 나타날 때는 반드시 **3박자** _____, **인칭**, _____에 잘 맞게 변신해서 나타나야 한다는 것을 절대로 잊지 말거라.
자, 그럼 아래 표를 보면서 **인칭대명사와 Be동사 현재형** 또는 **과거형과 짝짓기 → 예문**과 짝짓기를 순서대로 소리 내어 크게 읽어보거라.

인칭과 Be동사 짝짓기					예 문
수	인칭		시제		
			현재형	과거형	과거분사형	
단 수	1인칭	I	am	was	been	① I **am** happy today.
	2인칭	You	are	were		② You **are** a student now.
	3인칭	He/She/It	is	was		③ He/She/It **was** fat <u>last year</u>.(과거)
복 수	We/You/They		are	were		④ We/You/They **are** students at Seoul middle school.

 마법사님, 영어 문장에서 **Be동사**가 **수, 인칭, 시제**에 따라 어떻게 변신해서 나타나는지 확실하게 알았어요.

 그래~그래.

마법사님, 이제 문장에서 **Be동사**를 어떻게 변신시켜야 하는지 그 방법은 알았는데, 그럼, 문장에서 be동사가 무슨 뜻으로 쓰였는지 알 수 있는 방법도 있나요?

 캬~ 질문 한 번 잘 했다. **Be동사**는 말이다 뒤에 오는 **품사**에 따라 여러 가지 뜻(의미)으로 변신하는 재주가 있단다. 자~ 이것도 표로 그렸으니 품사와 뜻 부분을 잘 보고 큰 소리로 읽어 보거라.

구분 Be동사		품 사	뜻	예 문	해 석
be동사 (현재형)	+	명사	~이다	I am a student. My name is John.	나는 학생이다. 내 이름은 존이다.
		형용사	~하다 ~한 상태이다	We are happy.	우리는 행복하다.
		장소부사 전치사 + 장소명사	~에 있다 ~에 참석하다	He is home. They are in Seoul. I am in English class every day.	그는 집에 있다. 그들은 서울에 있다. 나는 매일 영어수업에 참석한다.
		전치사 + 추상명사	~한 상태에 있다	She is in love.	그녀는 사랑에 빠져 있다.
		* There + be동사	~이 있다	There is a book on the desk.	책상 위에 책이 한 권 있다.

be동사 뒤에 **명사**가 오면 "**~이다**"

be동사 뒤에 **형용사**가 오면 "**~하다, ~한 상태이다**"

be동사 뒤에 **장소부사**가 오면 "**~에 있다**"

be동사 뒤에 **전치사 + 추상명사**가 오면 "**~한 상태에 있다**"

be동사 앞에 There가 오면 "**~이 있다**"

 마법사님, **Be동사**도 이렇게 많은 뜻을 갖고 있다니 대단해요.

 그렇지? 네가 영어나라 탐험을 무사히 끝내려면 **Be동사** 주문쯤은 반드시 외우고 있어야 한단다.

 그런데 마법사님, 마지막 문장은 잘못된 것 아닌가요? 다른 단어들은 모두 **Be동사** 뒤에 오는데, There는 **Be동사** 앞에 있어요.

 아하! 이 예리한 관찰력.
네가 아주 중요한 질문을 했구나. **There**는 부사인데, 문장 맨 앞에 위치하여 **Be동사**와 함께 ~이 있다/~이다라는 뜻으로 쓰이고, 주어는 Be동사 앞/뒤에 놓인단다. 예문에서는 주어가 **단수**(a book)이기 때문에 There is/are로 문장이 시작되었지만, 만약에 주어가 **복수**(books)라면 There is/are로 문장이 시작되어야 한단다.

 Be동사는 문장에서 어떤 단어와 어울리는지가 정말 중요하네요.

 그렇고말고.

Be동사 뒤에 **명사/형용사**(a student)가 오느냐, **명사/형용사**(happy)가 오느냐, **장소부사/명사**(home, here)가 오느냐, **전치사 + 추상명사**(in love)가 오느냐에 따라 Be동사의 **의미/형태**가 달라지니까 익숙해질 때까지 단어들을 바꿔 가면서 연습해야 한다.

 Be동사는 문장에서 수와 인칭, 시제에 따라 모습만 다르고, 뜻은 모두 같은 줄 알았는데, 이렇게 다양한 의미로 쓰이고 있다니, 정말로 영어나라에서 Be동사의 역할이 중요하네요.

 자, 그렇다면 본격적으로 Be동사가 포함된 문장을 **의문문**과 **부정문**으로 만드는 특별한 마법 주문을 알려줘야겠구나.

우선 **Be동사**가 포함된 문장을 의문문으로 만드는 마법주문부터 시작해 보자. 아주 간단하지. 주어와 Be동사의 **위치/형태**를 서로 바꾸고 _____ 만 붙이면 의문문이 완성된단다.

그럼, 예문을 줄 테니 한 번 바꿔보거라.

 예 John is a good boy. (존은 착한 소년이다.)

→ _____ a good boy? (존은 착한 소년이니?)

예 They are soccer players. (그들은 축구선수들이다.)

→ _____ soccer players? (그들은 축구선수들이니?)

 옳거니, 참 잘했다.

다음은 **부정문**을 만드는 특별한 마법주문이다.

Be동사가 포함된 문장을 **부정문**으로 만드는 주문은 Be동사 다음에 부정어 _____ 만 붙여주면 된단다.

이번에도 예문을 줄 테니 한 번 바꿔보거라.

 예 Anna is tall. (안나는 키가 크다.)

→ Anna _____ tall. (안나는 키가 크지 않다.)

잘 했다.

 그런데 아직 밝혀지지 않은 be동사의 정체가 또 무엇인가요?

 do동사처럼 be동사도 **조동사**로 어떻게 쓰이고 있는지를 밝혀볼 차례야.
네가 한 번 **be동사가 진행형이나 수동태를 만드는 경우에 어떻게 동사를 도와서** ＿＿＿＿＿＿＿＿로 쓰이고 있는지 알아 오너라.

 마법사님, 그런데 '**진행형**'이라는 말을 잘 이해하지 못하겠어요.

 국어나라에 '~하고 있는 **중이다**' '~하고 있는 **중이었다**'는 표현이 있는 것처럼 영어마법나라에서도 **현재진행형/과거진행형** '~하고 있는 중이다'(be동사 **현재형** + ⓥ ~ing), **현재진행형/과거진행형** '~하고 있는 중이었다'(be동사 ＿＿＿＿＿＿＿ + ⓥ ~ing)라는 표현이 있단다. 이해하기 쉽게 예문을 들어 진행형의 정체를 밝혀주마.

국어나라 **예** A : 너 지금 뭐하고 있는 중이니?

B : 나 지금 컴퓨터 게임하고 있는 중이야.

영어마법나라 **예** A : What **are** you **doing** now?

B : I am **playing/played** computer games now.

자, 그럼 진행형을 쉽게 익힐 수 있는 이 마법주문을 큰 소리로 한 번 읽어보거라.

종 류	진행형 형태	예 문
현재진행형	주어 + be동사의 현재형(am/are/is) + ⓥ ~ing → 주어가 현재 ~하고 **있는 중이다.**	I am reading a book now. 나는 지금 책을 읽고 있는 중이다.
과거진행형	주어 + be동사의 과거형(was/were) + ⓥ ~ing → 주어가 과거에 ~하고 **있는 중이었다.**	He was studying English last night. 그는 어젯밤에 영어공부를 하고 있는 중이었다.
미래진행형	주어 + 조동사(will, shall) + be + ⓥ ~ing → 주어가 미래에 ~하고 **있는 중일 것이다.**	We will be watching a soccer game on TV at seven o'clock. 우리는 7시에 텔레비전으로 축구 경기를 보고 있는 중일 것이다.

be동사로 진행형을 만드는 특별한 마법주문을 이해했느냐?

그럼, 이번에는 내가 국어나라 문장을 말하면, 네가 직접 그것을 영어나라 문장으로 말해보거라.

맥퍼즐아, 잘할 수 있겠느냐?

 네, 잘할 수 있을 것 같아요.

 "나는 지금 안나를 만나고 있는 **중이다**."

 ------------------------------ Anna now.

 "나는 지금 피자를 먹고 있는 **중이다**."

 ------------------------------ pizza now.

 "나는 어젯밤에 피자를 먹고 있는 **중이었다**."

 ------------------------------ pizza **last night**.

 그래그래, 아주 잘했다.

 아하~, 이제 '진행형'이라는 개념을 정확히 이해했어요.

 그러면, 맥퍼즐아!

be동사가 **수동태** 문장에서 조동사/일반동사로 쓰이는 마법주문에 대해서도 궁금해졌을 텐데.

 네, 궁금해요. 그런데 '수동태'라면 '동태'나 '명태'처럼 생선 종류를 말하는 것은 아니겠죠?

 당연하지. '수동태'는 생선을 말하는 것이 아니란다.

능동태/수동태란 주어가 동작을 행하는 것이 아니고, 동작의 대상이 되는 것을 말해. 쉽게 말해 내가 친구에게 장난감을 하나 주었다고 하면 **능동태/수동태** 문장이 되고, 친구에게서 장난감을 하나 받았다고 하면 그것은 **능동태/수동태** 문장이 되는 것이란다.

수동태의 정체를 국어나라와 영어나라를 비교해서 철저히 밝혀보도록 하자.

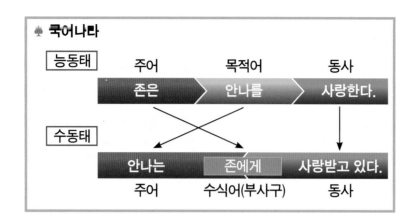

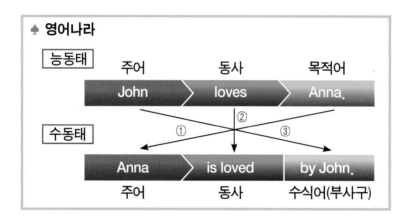

 잘 보았느냐. 네가 be동사 탐험을 무사히 끝마치려면 아래에 있는 수동태 주문을 외워야 하느니라.

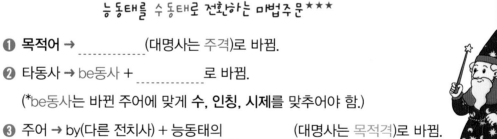

능동태를 수동태로 전환하는 마법주문★★★

❶ 목적어 → ＿＿＿＿＿＿＿ (대명사는 주격)로 바뀜.

❷ 타동사 → be동사 + ＿＿＿＿＿＿ 로 바뀜.
   (*be동사는 바뀐 주어에 맞게 **수, 인칭, 시제**를 맞추어야 함.)

❸ 주어 → by(다른 전치사) + 능동태의 ＿＿＿＿＿＿ (대명사는 목적격)로 바뀜.
   *나머지는 뒤에 그대로 이어 쓰면 됨.

맥퍼즐아, **수동태/능동태** 문장에 is loved가 쓰이고 있는데, 바로 is는 안나가 사랑하는 것이 아니라, 안나가 존에게 사랑받고 있다는 것을 나타낼 수 있도록 도와주는 도우미, 즉 ＿＿＿＿＿＿ 로 쓰인 것이란다.

 능동태를 수동태로 바꾸기 위해서는 어떤 순서가 있는 것 같네요.

그렇단다. 네가 궁금해 하니까 조금만 더 설명해 주어야 할 것 같구나.

수동태 문장에서 중요한 것을 다시 한 번 설명하면,

첫 번째로 능동태 문장의 목적어를 _____로 쓰고(대명사는 목적격을 → 주격으로),

두 번째로 능동태에 쓰인 동사의 시제와 주어의 수(단수/복수)를 보고 _____동사를 선택

하고, 그 다음 **과거분사형/과거형**을 쓰면 된단다.

세 번째로 능동태 문장의 주어는 **전치사/목적어**와 함께 쓰여 행위자(by John)라는 것을 나타

내주면 된단다.

마법사님, 모든 문장을 수동태로 바꾸어 표현할 수 있나요?

그것은 아니란다. 동작의 대상, 즉 목적어가 있는 문장만 수동태 문장으로 바꿀 수 있다는 규

칙을 따라야 하기 때문에 **타동사/자동사**만 가능하고, **타동사/자동사**는 안 된단다.

맥퍼즐아, 그럼 내가 문제를 하나 내줄 테니 밑줄 친 부분에 단어를 적어보아라.

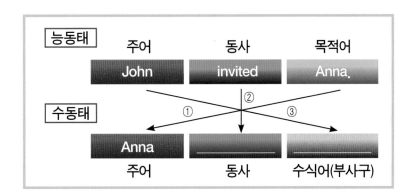

여기요, 문제 다 풀었어요.

어디 보자. 옳거니, 맥퍼즐이 수동태를 제대로 이해했구나.

그렇다면 be동사가 수동태에 쓰이면 왜 조동사 역할을 한다고 했는지 알겠지?

네, 이제 be동사가 조동사 역할을 한다는 말이 뭔지 알았어요.

Chapter

2

인칭대명사와 Be동사 쓰임 이해하기

1 인칭에 맞는 be동사(현재형과 과거형)를 선으로 연결하세요.

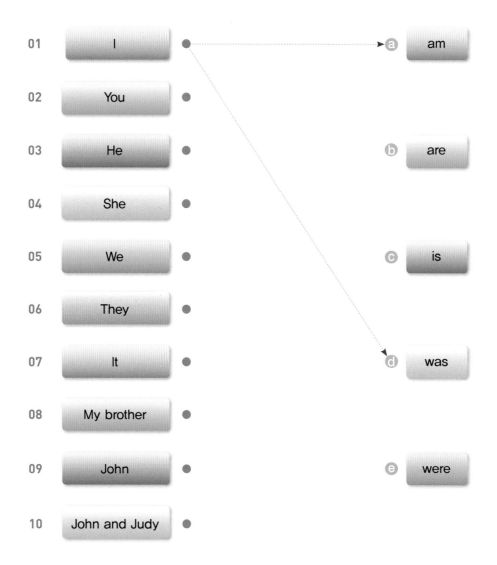

01	I	ⓐ	am
02	You		
03	He	ⓑ	are
04	She		
05	We	ⓒ	is
06	They		
07	It	ⓓ	was
08	My brother		
09	John	ⓔ	were
10	John and Judy		

2 Be동사의 문장 내 쓰임을 예문을 보며 익히세요.

예 문	해석과 설명
1. I am happy today.	나는 오늘 행복하다. → 주어가 1인칭이고, 현재이므로 'am'
2. I was on a diet last week.	나는 지난주에 다이어트 중이었다. → 주어가 1인칭이고, 부사구 'last week'(지난주)가 있어 과거시제를 써야 하므로 'was'
3. He is home now.	그는 지금 집에 있다. → 주어가 3인칭이고, 현재이므로 'is'
4. It was fat last year.	그것은 작년에 통통했다. → 주어가 3인칭이고, 부사구 'last year'(작년)가 있어 과거시제를 써야 하므로 'was'
5. They are students at Seoul middle school.	그들은 서울 중학교 학생이다. → 주어가 3인칭 복수이고, 현재이므로 'are'
6. We were students at Seoul primary school two years ago.	우리는 2년 전에 서울 초등학교 학생이었다. → 주어가 1인칭이면서 복수이고, 부사구 'two years ago' (2년 전에)가 있어 과거시제를 써야 하므로 'were'

3 영어 문장에 쓰인 Be동사가 뒤에 온 <u>품사에 따라 어떤 의미(뜻)</u>로 쓰였는지 적으세요.

구 분 Be동사		품 사	의 미	영어 문장
be동사 (현재형)	+	명사	① (　　　　　)	I am a **student**. My name is **John**.
		형용사	② (　　　　　) ~한 상태이다	We are **happy**.
		장소부사 전치사 + 장소명사	③ (　　　　　) ~에 참석하다	He is **home**. They are **in Seoul**. I am **in English class** now.
		전치사 + 추상명사	④ (　　　　　)	She is **in love**.
		*There + be동사	⑤ (　　　　　)	**There is** a book on the desk.

④ Be동사는 뒤에 오는 <u>품사</u>에 따라 <u>의미</u>가 달라지는데, 빈칸에 해당 품사를 적어보세요.

01 be동사 뒤에 <u>전치사 + 추상명사</u>가 오면 **"~한 상태에 있다"**

02 be동사 뒤에 _____가 오면 **"~이다"**

03 be동사 뒤에 _____가 오면 **"~하다", "~한 상태이다"**

04 be동사 뒤에 _____/전치사 + 장소명사가 오면 **"~에 있다", "~에 참석하다"**

05 be동사 앞에 There가 오면 **"~이 있다"**

⑤ 국어 문장에 맞는 영어 문장이 되도록 빈칸을 채워 완성하세요.

01 _____ a student.   나는 학생이다.

02 _____ John.   내 이름은 존이다.

03 _____ happy.   우리는 행복하다.

04 _____ home.   그는 집에 있다.

05 _____ in Seoul.   그들은 서울에 있다.

06 _____ in English class yesterday.   나는 어제 영어수업에 참석했었다.

07 _____ in love.   그녀는 사랑에 빠져 있다.

08 _____ a book on the desk.   책상 위에 책이 한 권 있다.

진행형 시제와 Be동사 쓰임 익히기

Chapter 3

1 시간과 시제에 대한 개념

- 시간(Time) : 사람의 행위, 동작, 사물 표현, 사건 등을 시간에 맞추어 구체적으로 표현
- 시제(Tense) : 사람의 행위, 동작, 사물 표현, 사건 등을 시간에 맞추어 포괄적으로 표현

  시제 : 어떤 행위나 동작에 대한 **시간의 변화를 다르게 표현하는 것**

- 개념 : 두 문장의 차이점을 통해 이해
  ① What are you doing?
  ② What do you do?

● 진행형

종 류	개 념	형태와 예문
현재진행형	말하는 순간에 이미 계속되고 있는 동작 및 상태에 대해 표현하는 것	주어 + be동사의 현재형(am/are/is) + ⓥ ~ing ➜ 주어가 현재 ~하고 있는 중이다. I am reading a book now.
과거진행형	과거의 특정한 순간에 일어나고 있던 일에 대해 표현하는 것	주어 + be동사의 과거형(was/were) + ⓥ ~ing ➜ 주어가 과거에 ~하고 있는 중이었다. He was studying English last night.
미래진행형	미래의 어떤 특정한 순간에 어떤 행동이 진행 중이라는 것을 표현하는 것	주어 + 조동사(will, shall) + be + ⓥ ~ing ➜ 주어가 미래에 ~하고 있는 중일 것이다. We will be watching a soccer game on TV at seven o'clock.

2 진행형 형태와 예문의 빈칸에 들어갈 <u>적절한 단어</u>를 쓰세요.

종 류	형 태	예 문
현재진행형	주어 + be동사의 현재형(am / /) + ⓥ ~ing → 주어가 현재 ~하고 있는 중이다.	I ( ) a book now. 나는 지금 책을 읽고 있는 중이다.
과거진행형	주어 + be동사의 과거형(/) + ⓥ ~ing → 주어가 과거에 ~하고 **있는 중이었다.**	He ( ) English last night. 그는 어젯밤에 영어공부를 하고 있는 중이었다.
미래진행형	주어 + 조동사(will, shall) + ( ) + ⓥ ~ing → 주어가 미래에 ~하고 **있는 중일 것이다.**	We ( ) a soccer game on TV at seven o'clock. 우리는 7시에 텔레비전으로 축구 경기를 보고 있는 중일 것이다.

3 시제 6가지 **익히기**★★★

○ 영어 시제 중에서 <u>단순시제</u>(현재, 과거, 미래)와 <u>진행시제</u>(현재진행, 과거진행, 미래진행)의 <u>종류-형태-개념-국어 의미</u>를 정리한 도표를 큰 소리로 읽으세요.

순번	시제 종류	형 태	개 념	국어 의미
01	현재시제	V(동사원형) ※ 주어가 3인칭 단수인 경우 V + (e)s	지금 일어나고 있는 어떤 동작이나 행위, 상황, 현재의 습관, 불변의 진리 등을 표현	~한다.
02	과거시제	• 규칙동사 : V + ed • 불규칙동사	지금 이전의 동작이나 행위, 상황 등을 언제 생겼느냐에 초점을 두고 표현	~했다.
03	미래시제	• 조동사(will) + V • be going to + V	현재 이후에 발생할 동작, 행위, 상황 등을 표현	~할 것이다.
04	현재진행 시제	<u>be동사의 현재형</u> + V ~ing (am/is/are)	말하는 순간에 이미 계속되고 있는 동작 및 상태에 대해 표현	(현재) ~하고 있는 중이다. ~하고 있다.
05	과거진행 시제	<u>be동사의 과거형</u> + V ~ing (was/were)	과거의 특정한 순간에 일어나고 있던 일에 대해 표현	(과거에) ~하고 있는 중이었다. ~하고 있었다.
06	미래진행 시제	<u>조동사</u> + be + V ~ing (will/shall)	미래의 어떤 특정한 순간에 어떤 행동이 진행 중이라는 것을 표현	(미래에) ~하고 있는 중일 것이다. ~하고 있을 것이다.
예 문		01. I **play** computer games once a week. / My mother **wash**es our clothes on Sundays. 02. I **invite**d my girl friend on my birthday. 03. I will become a great scientist in the future. 04. I am **read**ing a book now. 05. He was **study**ing English last night. 06. We will be **watch**ing a soccer game on TV at seven o'clock.		

④ 시제에 맞는 동사 형태 사용법 익히기 ★★★

시제 종류	형 태	규 칙	단어 예
현재 시제	주어가 3인칭 단수인 경우 V + (e)s	대부분의 동사 : V + s	laughs, speaks, helps, likes • **무성음**[f, k, p, t, s] + s → [s] 발음 verbs, dogs, loves, grows, says, plays • **유성음**[b, d, g, m, n, v, z 등] + s → [z] 발음
		−ch, −sh, −ss, −x, −o 등으로 끝난 동사 : V + es	teaches, finishes, misses, mixes, relaxes, fixes, does[z], goes[z] • [s, z, ʃ, tʃ, ʤ]로 발음 되는 단어에 −es를 붙이면 [iz] 발음
		자음 + y로 끝나는 동사 : ies	hurries, cries, studies, tries
		※ 모음 + y → s	plays, buys, enjoys
		불규칙 변화	have → **has**
과거 시제	V + ed	대부분의 동사 : V + ed	laughed, finished, helped
		e로 끝나는 동사 : V + d	invited, lived, loved
		단모음 + 단자음으로 끝나는 동사 : 자음 추가 + ed	stopped, planned, begged
		2음절 이상의 단어로서 강세가 마지막 음절에 있는 동사 : 자음 추가 + ed	admitted, preferred, permitted, regretted, transferred, compelled
		자음 + y로 끝나는 동사 : ied	copied, cried, fried, carried
		※ 모음 + y → ed	played, stayed, enjoyed, relayed
		불규칙 변화	meet − met go − went have − had eat − ate do − did make − made know − knew come − came see − saw sing − sang write − wrote read − read cut − cut begin − began drink − drank swim − swam become − became
진행 시제	be동사 + V + ing	대부분의 동사 : V + ing	meeting, going, singing
		e로 끝나는 동사 : ～e를 삭제하고 ing	making, living, dancing, coming, driving, writing
		2음절 이상의 단어로서 강세가 마지막 음질에 있는 동사 : 자음추가 + ing	preferring, permitting, regretting, transferring
		단모음 + 단자음으로 끝나는 동사 : 자음추가 + ing	running, swimming, hitting, cutting, getting, putting, shopping, stopping, sitting ※ 1음절 단어이지만 [단모음 + 단자음] 형태가 아닌 단어는 그냥 V + ing : playing, crying
		ie로 끝나는 동사 : ie를 y로 바꾸고 ing	die − dying, lie − lying

교수법 시제에 맞는 올바른 동사 사용법은 아주 중요하므로 학생들에게 반복적으로 큰 소리로 읽고 쓰게 하여 자기 것으로 체화시키는 과정이 필요함.

5 시제 개념 익히기

o 시제 종류에 대한 올바른 시제 개념을 선으로 연결하고, 시제 개념을 큰 소리로 읽으세요.

01	현재시제	●		ⓐ	지금 이전의 동작이나 행위, 상황 등을 언제 생겼느냐에 초점을 두고 표현
02	과거시제	●		ⓑ	현재 이후에 발생할 동작, 행위, 상황 등을 표현
03	미래시제	●	ⓒ	지금 일어나고 있는 어떤 동작이나 행위, 상황, 현재의 습관, 불변의 진리 등을 표현
04	현재진행시제	●		ⓓ	과거의 특정한 순간에 일어나고 있던 일에 대해 표현
05	과거진행시제	●		ⓔ	미래의 어떤 특정한 순간에 어떤 행동이 진행 중이라는 것을 표현
06	미래진행시제	●		ⓕ	말하는 순간에 이미 계속되고 있는 동작 및 상태에 대해 표현

6 시제 형태 익히기

o 시제 종류에 대한 올바른 시제 형태를 선으로 연결하고, 시제 형태를 큰 소리로 읽으세요.

01	현재시제	●		ⓐ	be동사의 현재형 + V ~ing (am/is/are)
02	과거시제	●		ⓑ	be동사의 과거형 + V ~ing (was/were)
03	미래시제	●	ⓒ	V(동사원형) ※ 주어가 3인칭 단수인 경우 V + (e)s
04	현재진행시제	●		ⓓ	조동사 + be + V ~ing (will/shall)
05	과거진행시제	●		ⓔ	• 규칙동사 : V + ed • 불규칙동사
06	미래진행시제	●		ⓕ	• 조동사(will) + V • be going to + V

7 시제 서술어 형태 익히기

○ 시제 종류에 대한 올바른 <u>국어 서술어</u>를 선으로 연결하고, 서술어 형태를 큰 소리로 읽으세요.

01	현재시제	●	ⓐ	~한다.
02	과거시제	●	ⓑ	~할 것이다.
03	미래시제	●	ⓒ	(현재) ~하고 있는 중이다. ~하고 있다.
04	현재진행시제	●	ⓓ	(과거에) ~하고 있는 중이었다.
05	과거진행시제	●	ⓔ	(미래에) ~하고 있을 것이다.
06	미래진행시제	●	ⓕ	~했다.

8 시제 예문 익히기

○ 시제 종류에 대한 올바른 <u>시제 예문</u>을 선으로 연결하고, 예문을 큰 소리로 읽으세요.

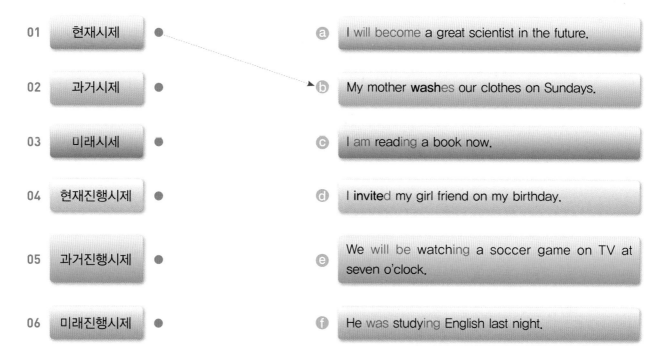

01	현재시제	●	ⓐ	I will become a great scientist in the future.
02	과거시제	●	ⓑ	My mother **wash**es our clothes on Sundays.
03	미래시세	●	ⓒ	I am reading a book now.
04	현재진행시제	●	ⓓ	I **invite**d my girl friend on my birthday.
05	과거진행시제	●	ⓔ	We will be watching a soccer game on TV at seven o'clock.
06	미래진행시제	●	ⓕ	He was studying English last night.

Chapter 4

수동태와 Be동사 쓰임 익히기

1 수동태와 능동태 **개념 익히기**

○ 다음 내용을 읽으면서 <u>밑줄 친 부분</u> 중에서 알맞은 말을 선택하여 문장을 완성하세요.

맥퍼즐아, '**태**', '**능동태**', '**수동태**' 이런 말을 들어본 적 있느냐?

글쎄요, 마법사님께서 '동태'나 '명태' 같은 생선 종류가 아니라고 하신 것 같기는 한데요.

당연하지, 그런 말들은 생선을 말하는 것이 아니란다.

능동태/수동태란 주어가 동작을 행하는 것이 아니고, 동작의 대상이 되는 것을 말한단다. 쉽게 말하자면 **내가** 친구에게 맛있는 **사탕을** 하나 **주었다**고 하면 **능동태/수동태** 문장이 되고, 친구에게 맛있는 **사탕을** 하나 **받았다**고 하면 **능동태/수동태** 문장이 되는 거란다. 그러니까 맥퍼즐아, 네가 생일에 **초대하는 것**과 **초대받는 것**이 다르듯이 말이다.

이것을 영어나라에서 쓰는 말로 설명하면,

태란 주어와 **보어/목적어**에 대한 관계를 나타내는 **타동사/자동사**의 형태 변화를 말하는 것이란다.

그리고 **태**는 주어가 동작을 하는 **수동태/능동태**와 주어가 동작을 받는 **능동태/수동태**로 두 종류가 있지.

쏙~ 쏙 이해가 더 잘 되게 마지막으로 설명하자면, 앞으로 맥퍼즐이 누군가를 사랑하면 **수동태/능동태**이고, 누군가에게 사랑받으면 **수동태/능동태**란다.

마법사님, 수동태와 능동태가 어떤 것인지 잘 알았어요. 그런데 영어나라에서는 능동태 문장(=능동문)과 수동태 문장(=수동문)을 어떻게 써야 하나요?

 그것은 말이다. 주어가 동사의 행위자로서 역할을 하는 경우에는 **능동문/수동문**을 써야 하고 반드시 **목적어/보어**가 필요하단다. 이때는 '주어가 ~하다' 의미로 해석된단다. 주어가 동사의 행위를 받거나 당하는 입장에 있는 경우에는 **능동문/수동문**을 써야 하고, '주어가 ~되다, 당하다' 의미로 해석된단다. 그러므로 국어 서술어 의미를 보고 능동문을 쓸 것인지, 수동문으로 쓸 것인지를 판단하는 것이 중요하지.

 그런데 수동문과 능동문은 동사 형태도 다르다고 말씀해 주신 것 같은데 정확히 기억이 안 나요. 마법사님, 다시 한 번 그것에 대해 말씀해 주세요.

 알았다. 능동문은 동사(타동사)의 형태가 현재형 또는 과거형이 되고, 수동문은 동사 형태가 'be동사+동사의 과거분사형'이 된단다. 능동문을 수동문으로 전환 시 주의할 것은 동사의 형태를 보고 동사가 현재형이면 **be동사 현재형(am/_____/is)** 중 하나를 선택해 쓰고, 동사가 과거형이면 **be동사 과거형(was/_____)** 중 하나를 선택해 써야 한단다. 그럼 내가 문제를 하나 낼 테니 밑줄 친 부분에서 적합한 **단어를 선택**해 보아라.

(1) Minsu <u>loves/is loved</u> Jiyoung. 민수는 지영이를 사랑한다.
(2) Minsu <u>loves/is loved</u> by Jiyoung. 민수는 지영이에게 사랑을 받는다.

 (1)번은 loves이고, (2)번도 loves가 들어가야 될 것 같아요.

 맥퍼즐아! 신중, 신중하여라. (2)번에서는 사랑을 받는다고 하니 **수동태/능동태** 문장이고 그렇다면 'is loved'를 선택해야지. 이때 쓰인 'is'는 민수가 지영이로부터 사랑받고 있다는 것을 나타낼 수 있도록 도와주는 역할을 하는 도우미 바로 '_____'이란다.

 아하! 제가 수동태 문장에서는 **be동사+동사의 과거분사형**을 써야 하는 것을 깜박 잊었어요. 그런데 마법사님, 모든 문장을 수동태로 만들 수 있나요?

 그건 아니란다.
수동태를 만들려면 **목적어/보어**가 반드시 필요하기 때문에, 목적어를 동반하는 **자동사/타동사**가 사용된 문장에서만 가능하고, 목적어를 동반하지 않는 **자동사/타동사**가 사용된 문장은 수동태로 쓸 수 없단다.

 그런데 마법사님, 능동태를 수동태로 바꾸려면 **어떤 순서**가 있는 것 같던데요.

 그렇단다. 네가 이렇게 궁금해 하니 조금 더 설명해 주어야 할 것 같구나.

능동태 문장을 수동태 문장으로 만들려면,

첫 번째로 능동태 문장의 목적어를 <u>주어/보어</u>로 쓰는데, 이때 목적어가 인칭대명사인 경우는 반드시 주격으로 바꿔야겠지. 예를 들어 me라면 <u>I, My</u>로 말이다.

두 번째로 능동태에 쓰인 주어의 **수**(단수/복수)와 동사의 **시제**를 잘 보고, 조동사 역할을 하는 <u>have/be</u>동사를 선택한 후, 동사는 **과거분사형/과거형**으로 쓰면 된단다.

세 번째로 능동태 문장의 주어는 <u>전치사/목적어</u>와 함께 쓰여 행위자(by John)라는 것을 나타내야 하는데, 이때 주어가 인칭대명사라면 목적격으로 바꿔야 한다는 걸 잊지 않았겠지. 예를 들어 주어가 He라면 by <u>his/him</u>으로 말이다.

맥퍼즐아, be동사 탐험을 무사히 끝마치려면 아래에 있는 수동태 주문을 꼭 외워야 하느니라.

능동태를 수동태로 바꾸는 마법주문 순서

❶ 목적어 → _____로 바꿈. (대명사는 주격)

❷ 타동사 → be + **과거분사형/과거형**으로 바꿈.
   (바뀐 주어에 맞게 수와 시제를 일치시킴.)

❸ 주어 → by(**전치사**) + 주어(대명사는 목적격)로 바꿔 수식어가 됨.
   *나머지는 뒤에 그대로 이어 쓰면 됨.

자, 그럼 맥퍼즐아, 이번에는 내가 문제를 하나 낼 테니 밑줄 친 부분에 단어를 적어보아라.

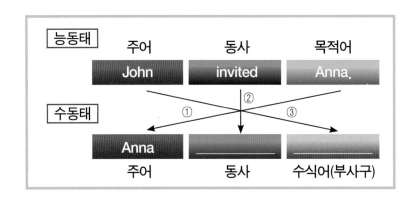

그럼 마지막으로 능동태와 수동태를 말로 설명해 볼 수 있겠느냐?

 그럼요. **능동태/수동태**란 '타동사＋**목적어/보어**'의 형식으로 동작을 하는 쪽에 중점을 둔 표현인데, 이때 주어는 동사의 행위자로서 역할을 하며 '주어가 ~하다'라는 뜻을 나타냅니다. **능동태/수동태**란 능동태의 목적어를 주어로 하고 동사는 be동사＋**과거분사형/과거형** 형식으로 동작을 받는 쪽에 중점을 둔 표현인데, 주어는 동사의 행위를 받거나 당하는 입장에 있는 경우로 '주어가 ~되다, 당하다'라는 뜻을 나타냅니다.

 자, 이제 **Be동사**가 수동태에 쓰이면 왜 **조동사 역할**을 한다고 하는지도 이해했으니, 마지막으로 태에 관한 사항들을 한눈에 정리할 수 있도록 도표로 정리한 마법주문을 알려주마.

② 태의 종류 익히기

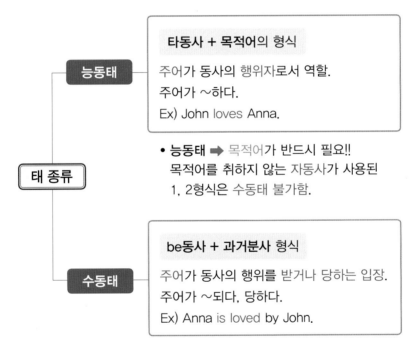

태 종류

능동태

타동사 + 목적어의 형식
주어가 동사의 행위자로서 역할.
주어가 ~하다.
Ex) John loves Anna.

- **능동태** ➡ 목적어가 반드시 필요!!
  목적어를 취하지 않는 자동사가 사용된
  1, 2형식은 수동태 불가함.

수동태

be동사 + 과거분사 형식
주어가 동사의 행위를 받거나 당하는 입장.
주어가 ~되다, 당하다.
Ex) Anna is loved by John.

❸ 능동태를 수동태로 바꾸는 방법 익히기★★★

1 목적어 ➡ 주어

2 타동사 ➡ be + p.p. - - - - - - ➡

3 주어 ➡ 전치사 + 목적격

     by   능동태 주어의 목적격

4 나머지(수식어)는 그대로 사용

> **be동사 선택**
> 동사가 현재시제 : am, are, is
> 동사가 과거시제 : was, were
>
> ※ p.p.(Past Participle) : 동사의 과거분사

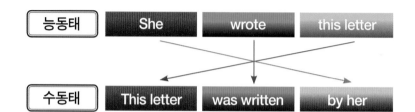

| 능동태 | She | wrote | this letter |

| 수동태 | This letter | was written | by her |

○ 다음 문장을 수동태 문장으로 바꿔보세요.

기본문제

❶ She saw Minho. ➡ --

❷ He invited her on his birthday. ➡ --------------------------------

❹ 수동태를 능동태로 바꾸는 방법 익히기★★★

1 수식어(행위자) ➡ 주어(주격)

2 be + p.p. ➡ 타동사(동사는 주어의 인칭과 시제에 맞게 사용)

3 주어 ➡ 목적어

4 나머지(수식어)는 그대로 사용

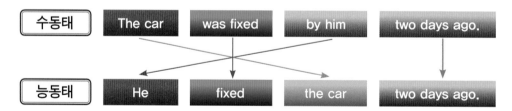

| 수동태 | The car | was fixed | by him | two days ago. |

| 능동태 | He | fixed | the car | two days ago. |

○ 다음 문장을 능동태 문장으로 바꿔보세요.

기본문제

❶ This computer was repaired by Minho. ➡ ------------------------

❷ The car was washed by her. ➡ --------------------------------

종류 \ 분류	형식		예 문
현재형 수동태	be동사의 현재형 (am/is/are)	+ 과거분사	John **invites** me on his birthdays. → I _____ on his birthdays. 나는 존에게 그의 생일날마다 **초대받는다**.
과거형 수동태	be동사의 과거형 (was/were)		John **invited** me on his birthday. → I _____ on his birthday. 나는 존에게 그의 생일날 **초대받았다**.
미래형 수동태	조동사 + be (will)		John **will invite** me on his birthday. → I _____ on his birthday. 나는 존에게 그의 생일날 **초대받을 것이다**.

⑥ 능동태와 수동태를 구별하는 비법 익히기★★★

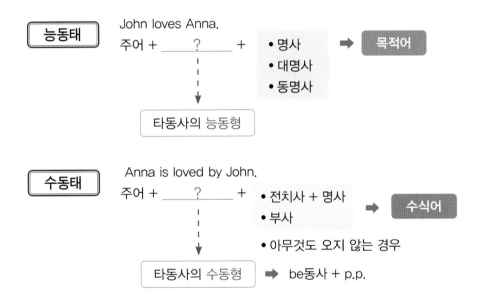

o 보기에서 빈칸에 들어갈 적합한 것을 선택하세요.

기본문제

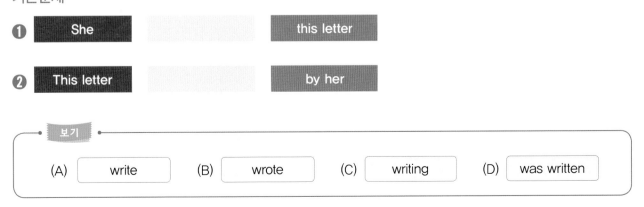

Chapter 5
Be동사의 기능을 한눈에 익히는 도표

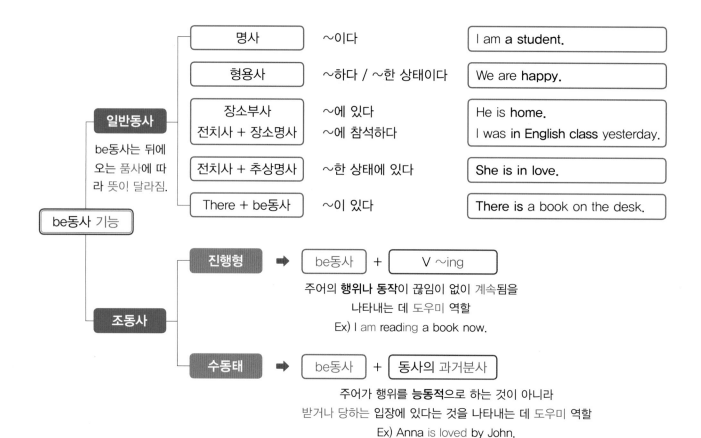

be동사 기능	일반동사	명사	~이다	I am **a student**.

일반동사

be동사는 뒤에 오는 품사에 따라 뜻이 달라짐.

	~이다	I am **a student**.
명사	~이다	I am **a student**.
형용사	~하다 / ~한 상태이다	We are **happy**.
장소부사 전치사 + 장소명사	~에 있다 ~에 참석하다	He is **home**. I was **in English class** yesterday.
전치사 + 추상명사	~한 상태에 있다	She is **in love**.
There + be동사	~이 있다	**There is** a book on the desk.

조동사

진행형 ➡ be동사 + V ~ing

주어의 **행위나 동작**이 끊임이 없이 계속됨을 나타내는 데 도우미 역할
Ex) I am reading a book now.

수동태 ➡ be동사 + 동사의 과거분사

주어가 행위를 **능동적**으로 하는 것이 아니라 받거나 당하는 입장에 있다는 것을 나타내는 데 도우미 역할
Ex) Anna is loved by John.

교수법 이 부분은 초급 학습자에게는 다소 어려운 내용이므로 선생님이 학습자 수준을 고려하여 skip 여부를 판단하여 지도할 것을 권장함.

Date : 20____. ____. ____.   Name : _____

1. 도형 안에 빈칸 채우기

○ 도형 안에 인칭대명사에 맞는 Be동사 형태를 써서 문장을 완성시켜 보세요.

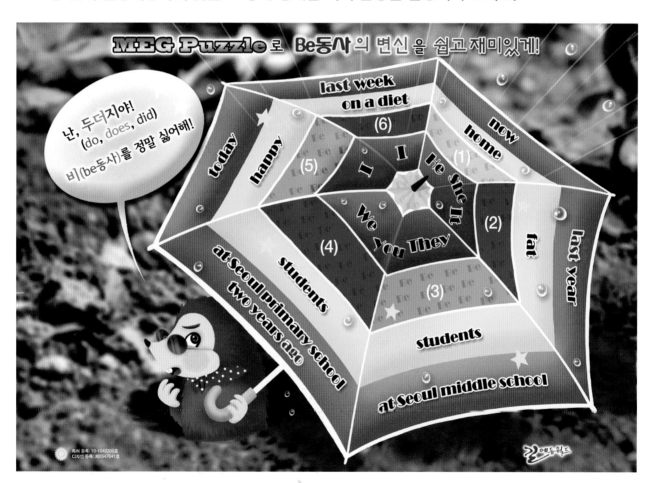

문제 답안지	문항	정 답	문항	정 답
	(1)		(4)	
	(2)		(5)	
	(3)		(6)	

연습문제 2. Be동사 익히기

O 인칭에 맞는 Be동사(현재형과 과거형)를 선으로 연결하세요.

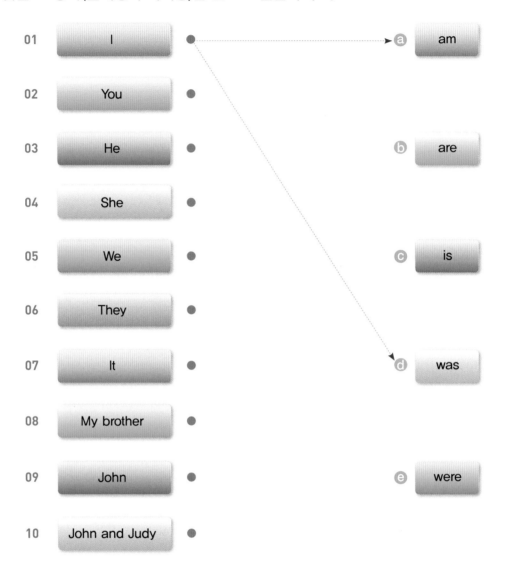

01 I • ⓐ am

02 You •

03 He • ⓑ are

04 She •

05 We • ⓒ is

06 They •

07 It • ⓓ was

08 My brother •

09 John • ⓔ were

10 John and Judy •

3. Be동사와 관련된 내용 빈칸 채우기

1. be동사 다음에 오는 품사를 보고 be동사의 뜻을 적으세요.

Be동사 \ 구분		품 사	뜻
be동사(현재형)	+	명사	① ( )
		형용사	② ( ), ~한 상태이다
		장소부사 / 전치사 + 장소명사	③ ( ), ~에 참석하다
		전치사 + 추상명사	④ ( )
		*There + be동사	⑤ ( )

2. be동사는 뒤에 오는 품사에 따라 "해석"이 달라지는데, 해석에 맞는 품사를 빈칸에 적어보세요.

문항	영어 문장	품사 쓰기	해 석
01	be동사 뒤에	전치사 + 추상명사	가 오면 "~한 상태에 있다"
02	be동사 뒤에	① ( )	가 오면 "~이다"
03	be동사 뒤에	② ( )	가 오면 "~하다, ~한 상태이다"
04	be동사 뒤에	③ ( ) / 전치사 + 장소명사	가 오면 "~에 있다, ~에 참석하다"
05	be동사 앞에	There	가 오면 "~이 있다"

3. 국어 문장에 맞는 영어 문장이 되도록 빈칸을 채우세요.

01 _____ a student.   나는 학생이다.

02 _____ John.   내 이름은 존이다.

03 _____ happy.   우리는 행복하다.

04 _____ home.   그는 집에 있다.

05 _____ in Seoul   그들은 서울에 있다.

06 _____ in English class yesterday.   나는 어제 영어수업에 참석했었다.

07 _____ in love.   그녀는 사랑에 빠져 있다.

08 _____ a book on the desk.   책상 위에 책이 한 권 있다.

연습문제 4. 시제 익히기 1

O 시제의 종류(숫자)—형태(알파벳)—개념(한글)을 보기에서 순서대로 찾아서 기호를 쓰세요.

• 선택 보기(종류-형태-개념)

시제 종류		형 태		개 념	
1	현재시제	a	• 조동사(will) + V • be going to + V	가	지금 이전의 동작이나 행위, 상황 등을 언제 생겼느냐에 초점을 두고 표현
2	과거시제	b	be동사의 현재형 + V ~ing (am/is/are)	나	현재 이후에 발생할 동작, 행위, 상황 등을 표현
3	과거진행시제	c	V(동사원형) ※ 주어가 3인칭 단수인 경우 V+(e)s	다	지금 일어나고 있는 어떤 동작이나 행위, 상황, 현재의 습관, 불변의 진리 등을 표현
4	미래진행시제	d	• 규칙동사 : V + ed • 불규칙동사	라	과거의 특정한 순간에 일어나고 있던 일에 대해 표현
5	미래시제	e	be동사의 과거형 + V ~ing (was/were)	마	미래의 어떤 특정한 순간에 어떤 행동이 진행 중이라는 것을 표현
6	현재진행시제	f	조동사 + be + V ~ing (will/shall)	바	말하는 순간에 이미 계속되고 있는 동작 및 상태에 대해 표현

문제 1단계

01 [1] — [c] — [다]   02 [ ] — [ ] — [바]

03 [4] — [ ] — [ ]   04 [ ] — [e] — [ ]

05 [ ] — [a] — [ ]   06 [2] — [ ] — [ ]

연습 문제 5. 시제 익히기 2

O 시제의 종류(숫자)―형태(알파벳)―의미(한글)를 보기에서 순서대로 찾아서 기호를 쓰세요.

• 선택 보기(종류-형태-의미)

시제 종류		형 태		국어 의미	
1	과거시제	a	조동사 + be + V ~ing	가	~한다.
2	과거진행시제	b	• 조동사(will) + V • be going to + V	나	~하고 있을 것이다.
3	미래진행시제	c	am/is/are + V ~ing	다	~할 것이다.
4	미래시제	d	V(동사원형) V + (e)s	라	~하고 있는 중이다.
5	현재진행시제	e	• 규칙동사 : V + ed • 불규칙동사	마	~하고 있는 중이었다.
6	현재시제	f	was/were + V ~ing	바	~했다.

문제 2단계

01 2 ― [ ] ― [ ]

02 [ ] ― e ― [ ]

03 4 ― [ ] ― [ ]

04 [ ] ― [ ] ― 나

05 [ ] ― [ ] ― 라

06 [ ] ― d ― [ ]

연습문제 6. 국어 문장으로 시제 종류 익히기

O 국어 문장을 보고 영어 시제 중에서 어떤 시제를 사용해야 하는지 선으로 연결하세요.

01	나는 미래에 훌륭한 과학자가 될 것이다.	●	ⓐ	현재시제
02	나는 내 생일날 여자 친구를 초대했다.	●	ⓑ	과거시제
03	나는 지금 책을 읽고 있는 중이다.	●	ⓒ	미래시제
04	나는 일주일에 한 번씩 컴퓨터 게임을 한다.	●	ⓓ	현재진행시제
05	우리는 7시에 텔레비전으로 축구 경기를 보고 있는 중일 것이다.	●	ⓔ	과거진행시제
06	그는 어젯밤에 영어공부를 하고 있는 중이었다.	●	ⓕ	미래진행시제

연습문제 **7.** 시제 종류 익히기

○ 시제 개념에 맞는 <u>시제 종류</u>를 빈칸에 쓰세요.

01

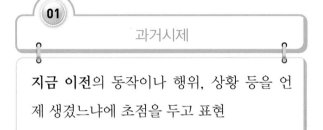

과거시제

지금 이전의 동작이나 행위, 상황 등을 언제 생겼느냐에 초점을 두고 표현

02

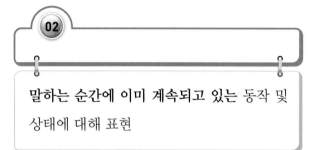

말하는 순간에 이미 계속되고 있는 동작 및 상태에 대해 표현

03

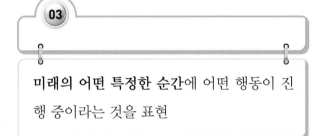

미래의 어떤 특정한 순간에 어떤 행동이 진행 중이라는 것을 표현

04

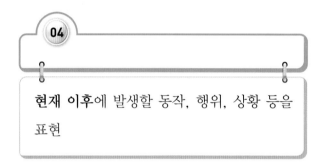

현재 이후에 발생할 동작, 행위, 상황 등을 표현

05

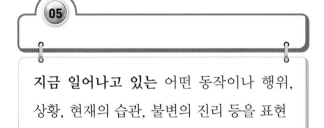

지금 일어나고 있는 어떤 동작이나 행위, 상황, 현재의 습관, 불변의 진리 등을 표현

06

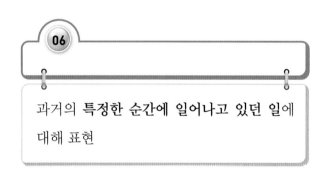

과거의 특정한 순간에 일어나고 있던 일에 대해 표현

연습문제 8. 시제 종류와 형태 익히기

O 시제 형태에 맞는 <u>시제 종류</u>를 빈칸에 쓰세요.

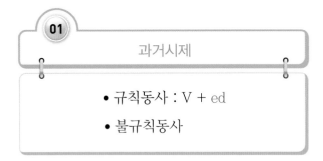

01

과거시제

- 규칙동사 : V + ed
- 불규칙동사

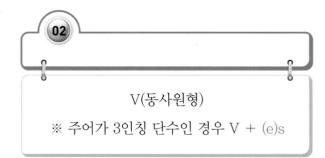

02

V(동사원형)

※ 주어가 3인칭 단수인 경우 V + (e)s

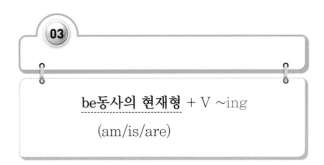

03

<u>be동사의 현재형</u> + V ~ing

(am/is/are)

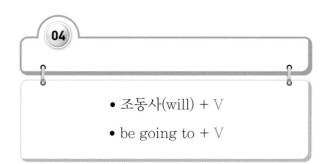

04

- 조동사(will) + V
- be going to + V

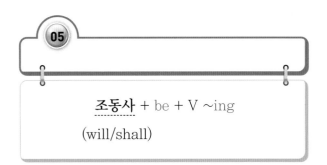

05

<u>조동사</u> + be + V ~ing

(will/shall)

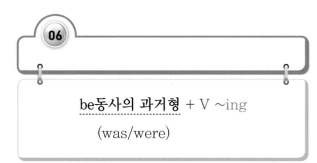

06

<u>be동사의 과거형</u> + V ~ing

(was/were)

연습문제 **9.** 시제 형태 쓰기

○ 시제 종류에 맞는 <u>시제 형태</u>를 빈칸에 쓰세요.

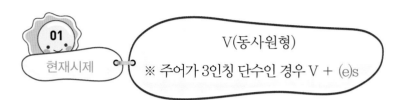

01 현재시제

V(동사원형)

※ 주어가 3인칭 단수인 경우 V + (e)s

02 과거시제

• 규칙동사 : _ _ _ _ _ _ _ _ _ _ _ _ _

• 불규칙동사

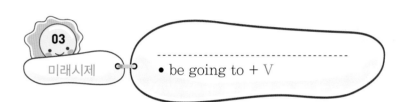

03 미래시제

_ _

• be going to + V

04 현재진행시제

be동사의 현재형 + _ _ _ _ _ _ _ _ _

(_ _ _ _ / _ _ _ _ / _ _ _)

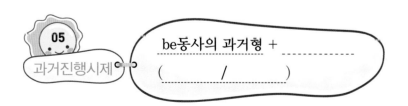

05 과거진행시제

be동사의 과거형 + _ _ _ _ _ _ _ _ _

(_ _ _ _ _ / _ _ _ _ _)

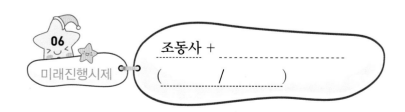

06 미래진행시제

조동사 + _ _ _ _ _ _ _ _ _ _ _ _ _ _

(_ _ _ _ / _ _ _ _)

연습문제 **10.** 시제의 국어 의미 쓰기

○ 시제 종류에 맞는 <u>국어 의미</u>를 빈칸에 쓰세요.

01 현재시제 ~한다

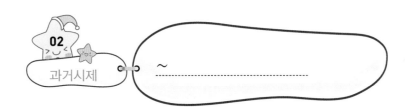

02 과거시제 ~_____

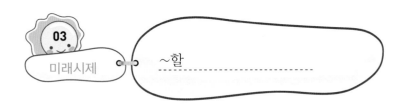

03 미래시제 ~할_____

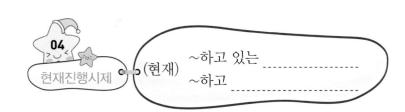

04 현재진행시제 (현재) ~하고 있는_____ ~하고_____

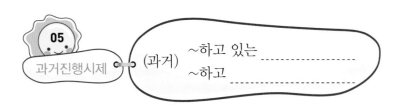

05 과거진행시제 (과거) ~하고 있는_____ ~하고_____

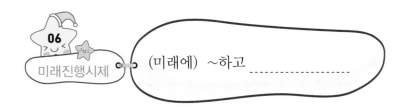

06 미래진행시제 (미래에) ~하고_____

연습문제 11. 국어로 해석하기

O 다음 영어 문장을 국어로 해석하세요.

01 현재   She dances very well.

→ _____

My mother washes our clothes on Sundays.

→ _____

02 과거   I invited my girl friend on my birthday.

→ _____

My boy friend gave me a ring last night.

→ _____

03 미래   I will become a great scientist in the future.

→ _____

I will invite my friends on my birthday.

→ _____

04 현재진행   I am reading a book now.

→ _____

He is climbing a mountain now.

→ _____

05 과거진행   He was studying English last night.

→ _____

Thcy were eating lunch then.

→ _____

06 미래진행   We will be watching a soccer game on TV at seven o'clock.

→ _____

I will be studying English at eight o'clock.

→ _____

12. 주어진 단어로 문장 완성하기(영어 어순 익히기)

○ 주어진 단어를 가지고 올바른 영어 문장을 완성하세요.

01 현재   She / well / very / dances

→   She dances very well.

My / washes / our clothes / Sundays / mother / on

→ --

02 과거   I / on my birthday / my girl friend / invited

→ --

My / me / gave / a ring / boy friend / last night

→ --

03 미래   I / will / a great / in the future / become / scientist

→ --

I / my birthday / will / my friends / invite / on

→ --

04 현재진행   I / reading / a / now / am / book

→ --

climbing / He / a / now / is / mountain

→ --

05 과거진행   He / studying / last / was / English / night

→ --

eating / We / lunch / was / then

→ --

06 미래진행   We / watching / be / a soccer game / TV / will / at seven o'clock / on

→ --

I / studying / be / at / English / eight o'clock / will

→ --

13. 인칭에 맞는 Be동사 축약형 연결하기

1. 인칭에 맞는 be동사 + not의 축약형을 모두 찾아서 <u>선으로 연결</u>하세요.

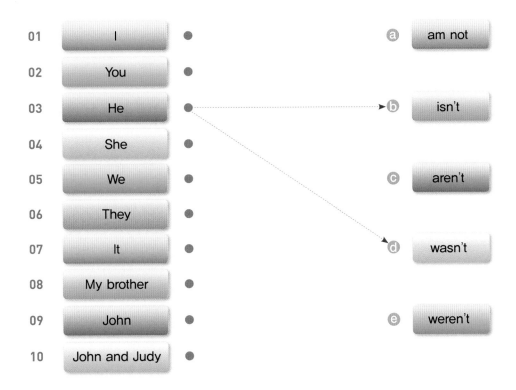

01	I
02	You
03	He
04	She
05	We
06	They
07	It
08	My brother
09	John
10	John and Judy

ⓐ am not
ⓑ isn't
ⓒ aren't
ⓓ wasn't
ⓔ weren't

2. 인칭에 맞는 be동사/do동사 + not 축약형과 관련된 모든 것을 <u>선으로 연결</u>하세요.

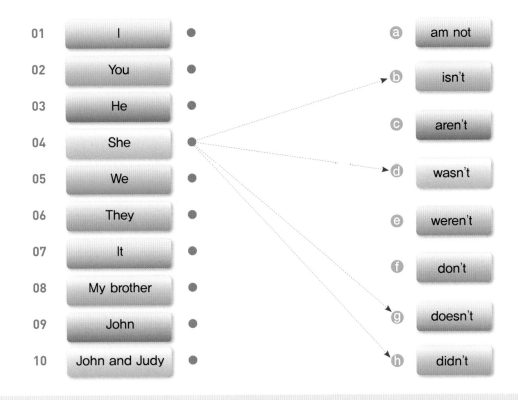

01	I
02	You
03	He
04	She
05	We
06	They
07	It
08	My brother
09	John
10	John and Judy

ⓐ am not
ⓑ isn't
ⓒ aren't
ⓓ wasn't
ⓔ weren't
ⓕ don't
ⓖ doesn't
ⓗ didn't

3. 수동태 종류에 맞는 수동태 형식을 <u>선으로 연결</u>하고, 수동태 형식을 큰 소리로 읽으세요.

* p.p.(Past Participle) · 동사이 과거분사

01	현재형 **수동태** ●		ⓐ	will + be + p.p.

02	과거형 **수동태** ●		ⓑ	be동사의 과거형 + p.p. (was/were)

03	미래형 **수동태** ●		ⓒ	be동사의 현재형 + p.p. (am/is/are)

4. 수동태 종류에 맞는 수동태 예문을 <u>선으로 연결</u>하고, 예문을 큰 소리로 읽으세요.

01	현재형 **수동태** ●		ⓐ	I am invited by John on his birthday

02	과거형 **수동태** ●		ⓑ	I will be invited by John on his birthday.

03	미래형 **수동태** ●		ⓒ	I was invited by John on his birthday.

14. 수동태 시제 빈칸 채우기

1. 수동태 형식에 맞는 수동태 시제를 쓰고, 수동태 형식을 큰 소리로 읽으세요.

문항	수동태 시제	수동태 형식
01	( ) 수동태	will + be + 동사의 과거분사
02	( ) 수동태	was/were + 동사의 과거분사
03	( ) 수동태	am/is/are + 동사의 과거분사

2. '축약형'을 쓰고, 국어 문장에 맞는 영어 문장을 쓰세요.

문항	be/do + not	축약형	영어 예문
01	is not		He isn't a doctor.
			그는 의사가 아니다.
02	are not		
			너는 정직하지 않다.
03	was not		
			그녀는 어제 춥지 않았다.
04	were not		
			너는 지난밤에 도서관에 없었다.
05	do not		
			나는 너의 휴대폰을 안 갖고 있다.
06	does not		
			그녀는 주말마다 아침식사를 하지 않는다.
07	did not		
			우리는 지난 일요일에 그녀를 만나지 않았다.

3. 수동태 시제에 맞는 수동태 형식을 쓰세요.

문항	수동태 시제	수동태 형식
01	현재형 수동태	be동사의 ( )(am/ /) + ( )
02	과거형 수동태	be동사의 ( )(/) + ( )
03	미래형 수동태	조동사 ( ) + ( ) + ( )

연습문제 15. 능동태와 수동태 문장 익히기

1. 올바른 문장이 될 수 있도록 괄호 안에서 적절한 것을 선택하여 동그라미하세요.

01 The alarm clock (woke / was woken) me up at eight.

02 My friend (was pushed / pushed) me at the bathroom.

03 The letter (wrote / was written) by my sister last Saturday.

04 This cellular phone (made / was made) in China in 2015.

05 You'd better (use / be used) this book as a kindling to master English.

06 They (have lived / have been lived) in Seoul since 1976.

07 I will (marry / be married) Jinny next year.

2. 다음 문장을 수동태 문장으로 바꾸세요.

01 She cleans the room every day.

→ _____

02 He invites Jina on his birthday.

→ _____

03 My father bought the bike last month.

→ _____

04 We will discuss the problem later.

→ _____

05 She presented the nice bag to me.

→ _____

06 We produce the cars in this factory.

→ _____

07 I served the breakfast at eight o'clock.

→ _____

3. 다음 문장을 능동태 문장으로 바꾸세요.

01 The house is constructed by her.

→ --

02 The house was constructed by him last year.

→ --

03 The house will be constructed by John next year.

→ --

04 The house has been constructed by the man since last month.

→ --

05 The house had been constructed by them from May to August.

→ --

06 The house is being constructed by us.

→ --

07 The house can be constructed by me.

→ --

4. 다음 도표의 각 번호에 적합한 Be동사나 빠진 내용을 답안지에 쓰세요.

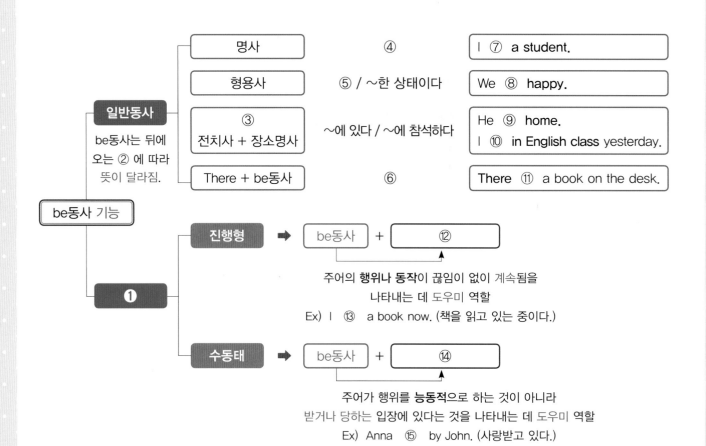

일반동사

be동사는 뒤에
오는 ② 에 따라
뜻이 달라짐.

명사	④	I ⑦ a student.
형용사	⑤ / ~한 상태이다	We ⑧ happy.
③ 전치사 + 장소명사	~에 있다 / ~에 참석하다	He ⑨ home. I ⑩ in English class yesterday.
There + be동사	⑥	There ⑪ a book on the desk.

be동사 기능

❶

진행형 ➡ be동사 + ⑫

주어의 **행위나 동작**이 끊임이 없이 계속됨을
나타내는 데 도우미 역할
Ex) I ⑬ a book now. (책을 읽고 있는 중이다.)

수동태 ➡ be동사 + ⑭

주어가 행위를 **능동적**으로 하는 것이 아니라
받거나 당하는 입장에 있다는 것을 나타내는 데 도우미 역할
Ex) Anna ⑮ by John. (사랑받고 있다.)

문제
답안지

문항	정 답	문항	정 답	문항	정 답
①		⑥		⑪	
②		⑦		⑫	
③		⑧		⑬	
④		⑨		⑭	
⑤		⑩		⑮	

16. 국어에 맞는 영어 문장 완성하기

1. 다음 국어 문장에 맞도록 빈칸을 채워서 <u>영어 문장을 완성하세요</u>.

01 _____ happy today.   나는 오늘 행복하다.

02 _____ last week.   나는 지난주에 다이어트 중이었다.

03 _____ now.   그는 지금 집에 있다.

04 _____ fat _____ year.   그것은 작년에 통통했다.

05 _____ students at Seoul middle school.   그들은 서울 중학교 학생이다.

06 _____ students at Seoul primary school two years ago.
                                                                우리는 2년 전에 서울 초등학교 학생이었다.

07 He _____.   그는 지금 행복하다.

08 _____ on a diet.   나의 어머니는 다이어트 중이다.

09 _____ in the morning.   그는 오전에 학교에 있었다.

10 _____ fat last year.   그는 작년에는 뚱뚱했다.

11 _____ at Seoul middle school.   그는 서울 중학교 학생이다.

12 _____ at Seoul primary school three years ago.   나는 3년 전에 초등학교 학생이었다.

13 We _____ very hungry now.   우리는 지금 몹시 배고프다.

14 I _____ Korea.   나는 한국에서 왔다.

15 _____ yesterday.   그들은 어제 집에 있었다.

16 _____ in New York.   나의 아저씨는 뉴욕에 계신다.

17 _____ English class now.   우리는 지금 영어 수업 중이다.

18 _____ a book on the desk.   책상 위에 책이 한 권 있다.

19 _____ many students in the classroom.   교실에는 많은 학생들이 있다.

20 _____ in love.   그는 사랑에 빠져 있다.

연습문제 **17.** 미로 찾기로 영어 문장 만들기

O 공룡의 목부터 시작하여 꼬리까지 무사히 탐험하여 올바른 영어 문장을 완성하세요.

정답 ▶ p. 249

정답 쓰기

We --

응용문제

❶ 그는 학생이다.

→ --

❷ 그녀는 지난해에 선생님이었다.

→ --

❸ 우리는 초등학교 동창생이다. (at / primary / the / same / school)

→ --

18. 숨은 그림에서 영어단어 찾아 **작문하기**

1. 그림 속에서 영어단어를 찾아 기본문제로 주어진 국어 문장에 맞는 영어 문장을 쓰세요.

(※ 도형 테두리 힌트 : 빨강 — 주어, 파랑 — 동사, 노랑 — 보어, 분홍 — 수식어 자리)

정답 ▶ p. 251

기본문제 1

❶ 나는 오늘 행복하다. (게임 2형식-3 선택)

❷ 그는 지금 집에 있다. (게임 2형식-4 선택)

응용문제

❶ 그녀는 어제 행복했다. → _____

❷ 그들은 지금 학교에 있다. → _____

❸ 나의 동생은 지금 집에 있다. → _____

2. 그림 속에서 영어단어를 찾아 기본문제로 주어진 국어 문장에 맞는 영어 문장을 쓰세요.

(※ 두형 테두리 힌트 · 빨간 — 주어, 파란 — 동사, 노랑 — 보어, 분홍 — 수식어 자리)

정답 ▶ p. 251

기본문제 2

그들은 무대 위에서 노래를 매우 잘 부르고 있다. (게임 1형식-4 선택)

	2개 단어	3개 단어	2개 단어

응용문제

❶ 그는 무대 위에서 노래를 매우 잘 부르고 있다.

→ _____

❷ 그녀는 무대 위에서 춤을 잘 추고 있다.

→ _____

❸ 나는 음악을 좋아한다.

→ _____

3. 그림 속에서 영어단어를 찾아 기본문제로 주어진 국어 문장에 맞는 영어 문장을 쓰세요.

(※ 도형 테두리 힌트 : 빨강 ─ 주어, 파랑 ─ 동사, 노랑 ─ 보어, 분홍 ─ 수식어 자리)

정답 ▶ p. 251

기본문제 3

교실 안에 많은 학생들이 있다. (게임 1형식─5 선택)

		2개 단어	3개 단어

응용문제

❶ 교실 안에 많은 책상들이 있다.

→ ---

❷ 교실 안에 책 한 권이 있다.

→ ---

❸ 교실 안에 많은 학생들이 있었다.

→ ---

4. 그림 속에서 영어단어를 찾아 기본문제로 주어진 국어 문장에 맞는 영어 문장을 쓰세요.

(※ **도형 테두리 힌트** : 빨강 — 주어, 파랑 — 동사 분홍 — 수식어 자리)

정답 ▶ p. 252

기본문제 4

너의 휴대폰은 탁자 위에 놓여 있다. (게임 1형식-6 선택)

3개 단어	2개 단어	3개 단어

응용문제

❶ 너의 연필은 책상 위에 놓여 있다.

→ _____

❷ 그녀의 책들은 책상 위에 놓여 있다.

→ _____

❸ 너의 휴대폰은 탁자 위에 놓여 있었다.

→ _____

연습문제 **19.** Crossword Puzzle

○ 올바른 영어 문장이 될 수 있도록 가로세로 퍼즐 빈칸에 들어갈 단어를 <u>보기에서 찾아서 쓰세요</u>.

● Gilmeg Puzzle 1

4개 문장 완성

		He			a teacher	next	
				now			
		at					
		home		weekend			

보기

I / She / his / is / was / will / happy
be / last / year

점수 : _____ / 10개

응용문제

❶ 나는 어제 집에 있었다.

➡ --

❷ 오늘은 날씨가 매우 덥다.

➡ --

4개 문장 완성

	John		her

		him	last	year

| | by | | |

| She | | | | tomorrow |

I / me / visit / is / loves / loved / will

점수 : _____ / 7개

응용문제

❶ 나는 지난해에 이 책을 썼다. (write, wrote, written)

➡ _____

❷ 이 책은 지난해에 내가 썼다. (write, wrote, written)

➡ _____

교재 + 교구 + 게임으로 기초영문법을 재미있고 쉽게 익히자!

Unit 4

Have동사 쓰임과 용법 익히기

Had

Chapter 1. Have동사 개념 및 쓰임 이해하기
(완료시제 형태와 용법 익히기)

Chapter 2. 인칭대명사와 Have동사 쓰임 이해하기

Chapter 3. Have동사 기능을 한눈에 익히는 도표

ENGLISH

HAS

Having

Have

Have동사 개념 및 쓰임 이해하기

Chapter

1

Have동사 개념 이해

○ **다음의 밑줄 친 부분에 적절한 말을 채우거나 둘 중에서 맞는 것을 선택하여 이야기를 완성해 보세요.**

영어 문장에서 뼈대 같은 역할을 하는 'have'는 동사로 다양한 의미로 쓰이고 있고, 완료시제를 만드는 데 도움을 주는 조동사로도 쓰이고 있습니다. 색상인지학습법을 토대로 하여 문장의 구성성분을 주어(■), 동사(■), 보어(□), 목적어(■), 수식어(■) 5가지를 색상으로 구분한 다음 영어 문장을 접목하여 '**have동사**'와 **인칭대명사** 간의 쓰임을 도형과 색상을 활용하여 이해하기 쉽게 정리하였습니다.

'Have동사'를 꽃잎 모양의 한가운데를 중심으로 **인칭**을 4종류로 구분하고, 인칭에 맞추어 **시제**(현재와 과거)를 구분하여 도형과 색상을 활용하여 8개 부분으로 나눈 다음 영어 문장을 문장구성 성분별로 접목 시켜 'have동사'가 영어의 3박자 수, 인칭, 시제에 맞추어 문장 내에서 어떻게 사용되어야 하는지를 보여 주고 있습니다. 퍼즐 예문에서 현재시제는 습관이나 반복적인 행위를 표현할 때 쓰고, 과거시제는 현재 이전에 이미 행한 어떤 일을 표현할 때 쓰며, 부사 yesterday(어제)나 last~(지난)가 포함된 문장에서는 **과거시제**를 써야 한다는 것이 중요합니다. 그러면, 이런 'have동사'의 정체를 밝힐 수 있는 주문들을 마 법사로부터 터득해 가는 '맥퍼즐'과 함께 재미있고 신나는 영어마법나라 탐험을 떠나 볼까요.

1 Have의 동사 쓰임 익히기

마법사님! Have동사도 문장에 쓰일 때는 어떤 규칙을 따랐던 것 같은데, 그렇죠?

그렇단다. Have동사가 문장에서 동사로 쓰이려면 어떤 규칙을 따라야 하는지 말할 수 있겠느 냐?

흠~ Have동사의 규칙이라면 우선 문장에서 어떤 것이 주어로 쓰였는지, 때(시간)를 나타내는 말이 있는지를 잘 살펴보아야 해요.
왜냐하면, Have동사는 주어의 수와 ＿＿＿＿＿ 그리고 때를 나타내는 말에 따라서 현재인지 과거인지를 구분해서 써야 하니까요.

아~주 잘했다.
노래를 잘 부르려면, 박자를 잘 맞추어야 하는 것처럼, Have동사가 문장에서 멋지게 쓰이려 면 3박자(＿＿＿＿＿ · ＿＿＿＿＿ · ＿＿＿＿＿)를 잘 맞추어야 한단다.
내 너를 위해 문장에서 3박자에 잘 맞추어 Have동사를 쓸 수 있도록 도와줄 마법주머니를 하 나 준비했다.
자, 어서 열어보거라.

원형	수	인칭(주어)	현재형	과거형	과거분사형
have	단수	I	have	had	had
		You	have		
		He, She, It	has		
	복수	We, You, They	have		

 마법사님, 주어가 **단수**이고 3인칭이면서 **현재**일 때만 .... 이고, 나머지는 주어의 수와 인칭에 관계없이 현재이면 .... 가 되네요.

그리고 주어의 수와 인칭에 관계없이 **과거**나 **과거분사**인 경우에는 .... 로 똑같네요.

 그렇단다. have동사는 모습은 화려하지 않지만, 문장에서 하는 역할은 정말 다양하고 중요하단다.

Have동사의 퍼즐 예문

❶ I have a nice Nintendo **now**.

❷ I had a stomachache yesterday.

❸ You have something to do **today**.

❹ You had no money last **Sunday**.

❺ She has breakfast at seven **in the morning**.

❻ He had some problems last **night**.

❼ They have supper at six **on weekdays**.

❽ We had lunch at one last Saturday.

자, 어떠냐? 잘 보았느냐?

문장에서 Have동사가 여러 가지 뜻으로 쓰이고 있다는 것을 알았을 게다.

하지만 이것이 다가 아니란다.

Have동사가 갖고 있는 뜻에 대해 더 알고 싶으면, 이 마법주머니를 한 번 더 열어보거라.

단어 뜻	예문 및 설명
(행사를) **하다, 열다**	Let's have a party for Anna.
(어떤 특질 · 특징이) **있다**	He has a front tooth missing.
(누구에게 무엇을 하도록) **하다, 시키다**	My mother had me clean my hands. 주어 + 동사 + 목적어(사람) + 목적격 보어 ※ have동사 다음에 목적어로 사람이 오면 ~에게 어떤 것을 '시키다' 의미로 쓰임.
~되다, ~을 당하다 (신체의 일부가 피해를 받는 경우)	I had my watch stolen. 주어 + 동사 + 목적어(사물) + 목적격 보어 ※ have동사 다음에 목적어로 사물이 오면 '~을 당하다' 의미로 쓰임.

와우! Have동사로 이렇게 다양한 문장을 만들 수 있는지 몰랐어요.

 이 정도로 놀랄 것 없다. 이번에는 Have동사가 문장에서 어떻게 **조동사 역할**을 하는지, 그 정체도 한 번 밝혀보자꾸나.

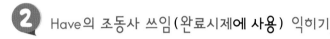

❷ Have의 조동사 쓰임(완료시제에 사용) 익히기

 Have동사가 수, 인칭, 시제에 따라 다르게 쓰이고 있다는 것은 이해했어요. 그러나 have가 조동사로도 쓰인다는 말에 대해 관심은 있지만, 저에게 그것은 너무 어렵지 않을까요?

 조금 어렵기는 한데, 너라면 걱정할 것 없다.
앞에서 do동사와 be동사의 마법주문을 배울 때 '현재완료'에 대해서 알려주었는데, 기억나는 게 있느냐?

 그럼요. 생김새는 'have/has+과거분사형'이고요, 문장에 쓰이면 **'어떤 일이나 행동이 과거의 한순간에 끝나는 것이 아니라 현재까지 그 상태가 지속되는 것'**을 나타내죠.

 그래 그래. 과거분사 앞에 쓰인 have나 ＿＿＿＿＿＿가 바로 **동사/조동사** 역할을 하는 것이지. 그렇다면 언제 have를 쓰고, 언제 has를 쓰는지 말해보아라.

 그것은 주어가 **1인칭**(I)과 **2인칭**(You) 그리고 **복수**(We, You, They)인 경우에는 ＿＿＿＿＿＿＋ 과거분사를 쓰고, 주어가 **3인칭**(He, She, It)이면서 **단수**인 경우에는 ＿＿＿＿＿＿＋ 과거분사를 써야 해요.

 그렇지, 잘 알고 있구나.

 마법사님, 그런데 궁금한 게 하나 있어요. Have동사 퍼즐에서 왜 'had'는 주어에 관계없이 똑같이 쓰이나요?

 맥퍼즐이 아주 좋은 질문을 했구나. 국어나라와는 달리 영어마법나라에서는 주어가 **3인칭 단수**이면서 **현재**시제인 경우에는 ⓥ＋s/es를 붙여서 사용하지. 그러나 시제가 과거인 경우에는 주어에 상관없이 묻지도 따지지도 않고 무조건 **과거형/현재완료형**을 쓰는 것이 영어마법나라 규칙이란다.

마법사님, 그리고 Have동사가 영어마법나라에서 **현재완료,** ---------------, **미래완료 시제**를 만들 때 도우미 역할을 하는 **조동사**로 쓰인다고 말씀하시면서, 현재완료의 마법주문은 알려주셨는데, 과거완료와 미래완료를 만드는 주문은 아직 알려주지 않으셨어요.

 어이쿠, 맥퍼즐이 점점 영어마법 주문에 대한 호기심이 많아지고 있구나.
국어나라에서 '과거부터 지금까지 **죽 ~해오고 있다**'라는 표현을 영어마법나라에서는 --------------- 라 하고, 'have/has＋**과거분사**' 모습으로 나타내지. 이것은 **과거의 어느 때부터 현재까지 기간에 발생한 일이나 행위**를 표현할 때 쓰고, have나 has를 구분해서 사용하는 것이 중요하다고 했었지.

 와우! 영어 공부할 때 have와 has를 자주 보았지만, 사실은 have와 has를 어떻게 구별해서 써야 하는지 헷갈렸었는데, 조동사로 쓰일 때도 동사로 쓰일 때처럼 주어를 잘 보고 몇 인칭인지 단수인지 복수인지 맞추어 써야 한다는 그런 말씀이시죠?

 옳거니, 그렇다면 네가 완료시제를 어느 상황에서 쓰는지 예를 하나 들어볼 수 있겠느냐?

 넷~, '나는 (안나가 유치원에 다닐 때부터) 안나를 **만나왔다.**'라는 표현에 과거형/현재완료형을 써야 해요.
이것을 영어마법나라 표현으로 하면,
'I have met Anna (since she attended kindergarten).'
마법사님, 현재완료 표현 맞나요?

 (엄지 척~) 아주 잘했다.
네가 한 말을 이해하기 쉽게 다시 한 번 마법주문 표로 보여주마.

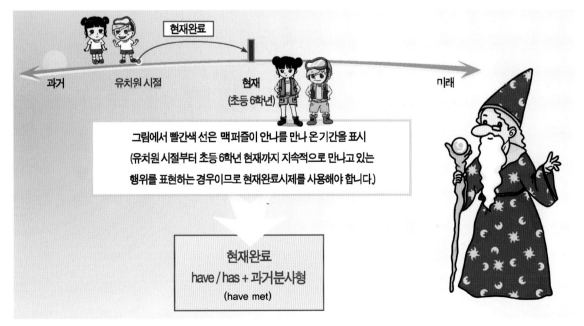

현재완료

| 과거 | 유치원 시절 | 현재 (초등 6학년) | 미래 |

그림에서 빨간색 선은 맥퍼즐이 안나를 만나 온 기간을 표시
(유치원 시절부터 초등 6학년 현재까지 지속적으로 만나고 있는
행위를 표현하는 경우이므로 현재완료시제를 사용해야 합니다)

현재완료
have/has + 과거분사형
(have met)

마법사님, 현재완료가 '과거의 어느 시점부터 현재까지 기간'이니까 그렇다면 **현재완료/과거완료**는 '과거 이전부터 과거의 어느 특정 시점까지(현재 이전 시점까지) 기간에 발생한 일이나 사건에 대해 말할 때 쓰는 표현이 아닌가요?

 그렇지! 바로 그거다.
국어나라에서 '(과거 이전부터 과거의 어느 특정시점까지) ~**해 왔었다**'라는 표현을 영어마법나라에서는 **현재완료/과거완료**라 하고, **had＋과거분사형/과거형** 모습으로 나타내지. 주어가 무엇이든지 상관없이 모두 have/had＋과거분사로 나타나기 때문에 주어의 인칭이나 수(단수/복수)에 신경 쓸 필요가 없단다.
그럼, 내가 문제를 줄 테니 답을 말해보렴.

Anna **have/had** lived in Daejeon from 2012 to 2014. But she lives in Seoul now.

 당연히 had를 써야죠.

 그렇지.
안나는 지금(2016년 기준) 서울에 살고 있지만, 2012년부터 2014년까지 대전에 살았었다고 하려면, **현재완료/과거완료**시제를 써야겠지. 현재를 기준으로 했을 때, **특정한 과거 이전부터 과거까지 기간**(2012~2014년)에 안나가 살았었던 사실을 나타내는 거니까 과거완료(had lived)를 써야 한단다.
이것도 네가 이해하기 쉽게 마법주문 표로 다시 한 번 보여주마.

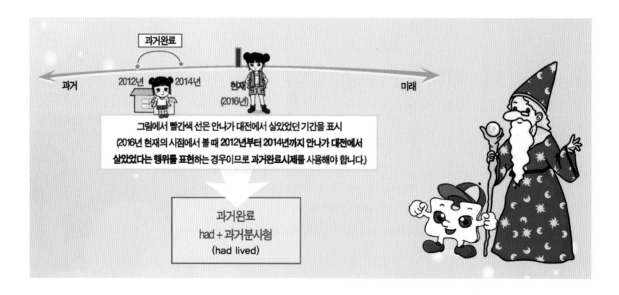

마법사님께서 도표로 과거완료시제를 설명해 주시니까 쏙~쏙 이해가 잘 되는데요.

 맥퍼즐아, **시제**는 영어마법나라에서 아주 중요하단다. 그래서 어쩌면 네가 영어마법나라 탐험하는 걸 포기하고 싶어지게 만들지도 모를 만큼 말이다. 현재완료, 과거완료 이외에 '미래완료'라는 시제도 있다고는 했지만, 그것의 정체는 다음 기회에 밝혀보자꾸나. 지금은 **완료시제**에는 Have동사가 **조동사**로 꼭 필요하다는 것 정도만 알면 된단다. 자, 그럼 복습도 할 겸해서 **현재, 과거, 미래, 현재완료, 과거완료** 시제와 관련하여 국어 **만나다**를 변형시켜 질문을 할 테니 정답을 적어보거라.

1. 나는 여자 친구를 **만난다.** → I _meet_ my girl friend.

2. 나는 여자 친구를 **만났다.** → I _____ my girl friend.

3. 나는 여자 친구를 **만날 것이다.** → I _____ my girl friend.

4. 나는 여자 친구를 **만나 왔다.** → I _____ my girl friend.

5. 나는 여자 친구를 **만나 왔었다.** → I _____ my girl friend.

6. 나는 여자 친구를 **만나고 있는 중이다.** → I _am meeting_ my girl friend.

7. 나는 여자 친구를 **만나고 있는 중이었다.** → I _was meeting_ my girl friend.

인칭대명사와 Have동사 쓰임 이해하기

1 인칭에 맞는 Have동사(현재형과 과거형)를 선으로 연결하세요.

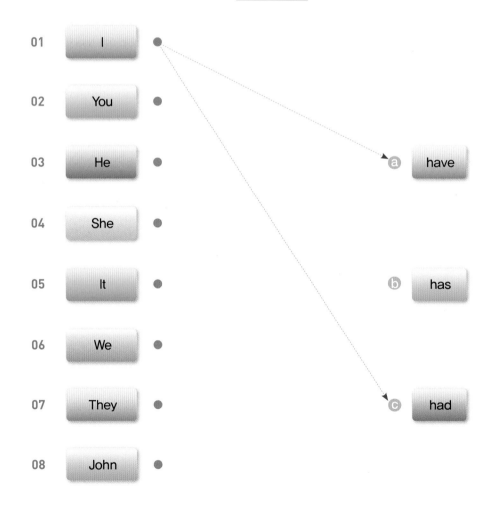

01 I ●

02 You ●

03 He ●   ⓐ have

04 She ●

05 It ●   ⓑ has

06 We ●

07 They ●   ⓒ had

08 John ●

② Have동사 예문으로 익히기

예문 및 설명	Have동사의 뜻과 해석
1. I have a nice Nintendo **now**. → 주어('I')가 1인칭 단수이면서 부사 'now'가 쓰인 현재시제이므로 'have'.	나는 지금 멋진 닌텐도를 갖고 있다. 'have'는 「(어떤 물건 따위를) 가지고 있다, 소유하다」의 뜻.
2. I had a stomachache yesterday. → 주어('I')가 1인칭 단수이면서 부사 'yesterday'가 쓰인 과거시제이므로 'had'.	나는 어제 배탈이 났다. 'had'는 「(병이) 있다, (병을) 앓고 있다」의 의미를 가진 have의 과거형.
3. You have something to do **today**. → 주어('You')가 2인칭 단수이면서 부사 'today'가 쓰인 현재시제이므로 'have'.	너는 오늘 해야 할 일이 있다. 'have'는 「(특정한 일을 해야 할 의무가) 있다」의 뜻.
cf. I have a duty to care for my son today. 나는 오늘 아들을 보살필 의무가 있다.	
4. You had no money last **Sunday**. → 주어('You')가 2인칭 단수이면서 부사 'last Sunday'가 쓰인 과거시제이므로 'had'.	너는 지난 일요일에 돈이 없었다. 'had'는 「(어떤 물건 따위를) 가지고 있다, 소유하다」의 뜻을 가진 'have'의 과거형.
5. She has breakfast at seven **in the morning**. → 주어('She')가 3인칭 단수이면서 부사구 'in the morning'이 쓰인 현재시제이므로 'has'.	그녀는 아침 7시에 아침을 먹는다. 'has'는 「먹다, 마시다, 피우다」의 뜻.
6. He had some problems last **night**. → 주어('He')가 3인칭 단수이면서 부사 'last night'가 쓰인 과거시제이므로 'had'.	그는 어젯밤에 좀 어려움(문제)을 겪었어. 'had'는 「(경험을) 겪다, 하다」의 뜻을 가진 'have'의 과거형.
7. They have supper at six **on weekdays**. → 주어('They')가 3인칭 복수이면서 부사구 'on weekdays'가 쓰인 현재시제이므로 'have'.	그들은 평일 6시에 저녁을 먹는다. 'have'는 「먹다, 마시다, 피우다」의 뜻.
8. We had lunch at one last **Saturday**. → 주어('We')가 1인칭 복수이면서 부사구 'last Saturday'가 쓰인 과거시제이므로 'had'.	우리는 지난 토요일 1시에 점심을 먹었다. 'had'는 「먹다, 마시다, 피우다」의 뜻을 가진 'have'의 과거형.

③ Have동사가 조동사로 쓰인 완료시제 형식 익히기 ★

참고로 완료시제 구분을 저어둘 테니 한 번 읽어부거라.

구분	형식	시간의 범위
현재완료	have/has + 과거분사형	과거의 어느 시점부터 현재까지 기간에 걸쳐 발생한 일
과거완료	had + 과거분사형	과거의 어느 시점, 그 이전의 과거(먼 과거)로부터 현재 이전의 과거 기간까지 발생했던 일
미래완료	조동사(will, shall) + have + 과거분사형 예 By the time I move to Daejeon. 　　I will have lived in Seoul for ten years.	과거 또는 현재부터 시작하여 미래의 정해진 어느 시점까지 발생할 일 예 내가 대전으로 이사할 때쯤이면, 나는 10년 동안 서울에 사는 것이 된다.

Chapter 3

Have동사 기능을 한눈에 익히는 도표

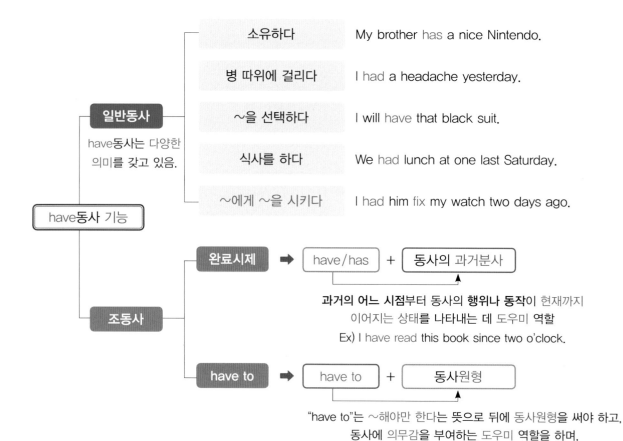

have동사 기능

일반동사
have동사는 다양한 의미를 갖고 있음.

소유하다	My brother has a nice Nintendo.
병 따위에 걸리다	I had a headache yesterday.
~을 선택하다	I will have that black suit.
식사를 하다	We had lunch at one last Saturday.
~에게 ~을 시키다	I had him fix my watch two days ago.

조동사

완료시제 ➡ have / has + 동사의 과거분사

과거의 어느 시점부터 동사의 **행위나 동작**이 현재까지 이어지는 상태를 나타내는 데 도우미 역할
Ex) I have read this book since two o'clock.

have to ➡ have to + 동사원형

"have to"는 ~해야만 한다는 뜻으로 뒤에 동사원형을 써야 하고, 동사에 의무감을 부여하는 도우미 역할을 하며, must에 없는 과거형(had to)을 갖고 있음.
Ex) You have to do your homework today.

교수법 이 부분은 초급 학습자에게는 다소 어려운 내용이므로 선생님이 학습자 수준을 고려하여 skip 여부를 판단하여 지도할 것을 권장함.

Date : 20_____. _____. _____.   Name : _____

연습
문제 **1.** Have동사로 도형 채우기

○ 도형 안의 인칭대명사에 맞는 Have동사를 써서 문장을 완성하세요.

문항	정 답	문항	정 답	문항	정 답
(1)		(4)		(7)	
(2)		(5)		(8)	
(3)		(6)		점수 : _____ / 8개	

2. 선으로 연결하기

1. 인칭에 맞는 Have동사(현재형과 과거형)를 <u>선으로 연결</u>하세요.

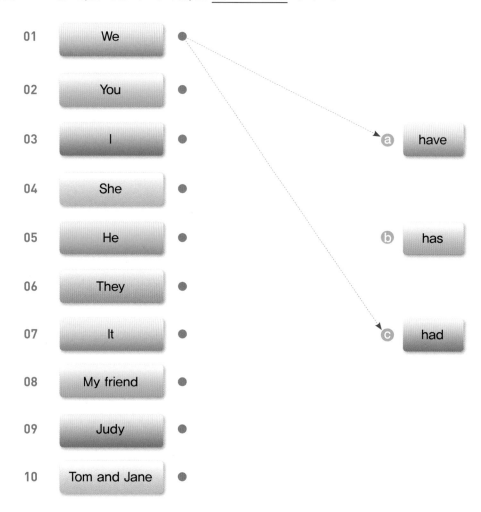

01	We	
02	You	
03	I	ⓐ have
04	She	
05	He	ⓑ has
06	They	
07	It	ⓒ had
08	My friend	
09	Judy	
10	Tom and Jane	

2. 시제의 종류(숫자)와 형태(알파벳)를 연관성 있는 것끼리 <u>선으로 연결</u>하세요.

01	현재완료	ⓐ	조동사(will, shall) + have + 과거분사형
02	과거완료	ⓑ	have / has + 과거분사형
03	미래완료	ⓒ	had + 과거분사형

3. 시제의 종류(숫자)와 형태(알파벳)를 연관성 있는 것끼리 <u>선으로 연결</u>하세요.

01 현재완료 ●	ⓐ • 조동사(will) + V • be going to + V
02 현재시제 ●	ⓑ have / has + 과거분사형
03 과거진행시제 ●	ⓒ <u>be동사의 현재형</u> + V ~ing (am / is / are)
04 미래시제 ●	ⓓ V(동사원형) ※ 주어가 3인칭 단수인 경우 V + (e)s
05 과거시제 ●	ⓔ • 규칙동사 : V + ed • 불규칙동사
06 미래진행시제 ●	ⓕ had + 과거분사형
07 현재진행시제 ●	ⓖ 조동사(will, shall) + have + 과거분사형
08 과거완료 ●	ⓗ <u>be동사의 과거형</u> + V ~ing (was / were)
09 미래완료 ●	ⓘ <u>조동사</u> + be + V ~ing (wil / shall)
10 현재형 수동태 ●	ⓙ <u>be동사의 과거형</u> + 과거분사형 (was / were)
11 과거형 수동태 ●	ⓚ have / has + been + 과거분사형
12 현재완료형 수동태 ●	ⓛ <u>be동사의 현재형</u> + 과거분사형 (am / are / is)

연습문제 3. 영어 문장으로 Have동사 쓰임 익히기

○ 보기에서 알맞은 Have동사를 선택하여 영어 문장을 완성하세요.

> **보기** have, has, had, will have, am having, are having, is having

01 I _____ a nice watch at my home.   나는 집에 멋진 시계가 있어요.

02 She _____ a sweet voice as a bird.   그녀는 새처럼 예쁜 목소리를 갖고 있어요.

03 I _____ a pet dog two years ago.   나는 2년 전에 애완견이 있었어요.

04 He _____ a house last month.   그는 지난달에 집을 가졌어요.

05 I _____ breakfast at my home.   나는 집에서 아침을 먹고 있어요.

06 He _____ a rope in his hands.   그는 그의 손에 줄을 잡고 있어요.

07 We _____ lunch without side dishes.   우리는 반찬 없이 점심을 먹고 있어요.

08 They _____ some money to buy a book yesterday.

그들은 어제 책을 살 약간의 돈이 있었어요.

09 We _____ a little time to meet a great poet.

우리는 훌륭한 시인을 만날 시간이 좀 있어요.

10 I _____ a new bicycle after two months.   나는 2개월 후에 새 자전거를 갖게 될 거예요.

11 He _____ some food in a little while.   그는 잠시 후에 음식을 좀 먹게 될 거예요.

12 We _____ a duty to care for the poor from now.

우리는 이제부터 가난한 사람을 돌볼 의무를 갖게 될 거예요.

점 수 맞은 문항 수 : _____ / 12개

연습문제 **4.** 국어로 해석하기

O 다음 영어 문장을 해석하세요.

01 I have a nice Nintendo **now**.
→ ....

02 I had a stomachache yesterday.
→ ....

03 You have something to do **today**.
→ ....

04 You had no money last **Sunday**.
→ ....

05 She has breakfast at seven in the morning.
→ ....

06 He had some problems last **night**.
→ ....

07 They have supper at six **on weekdays**.
→ ....

08 We had lunch at one last **Saturday**.
→ ....

점 수 맞은 문항 수 : _____ / 8개

5. 영어 문장으로 Be, Do, Have동사 쓰임 익히기

1. 인칭에 맞는 be, do, have동사 현재형을 채운 후에 <u>큰 소리</u>로 읽어보세요.

문항	인칭	동사	보어/목적어
01	I	am	a student.
			my duty very well.
			a nice pencil.
02	You		a doctor.
			your duty very well.
			a nice cap.
03	He She it		happy now.
			his duty very well.
			a big nose.
04	You We They		happy now.
			your duty very well.
			a nice house
05	John Judy		a teacher.
			his duty very well.
			a good bag.
06	John and Judy		very smart.
			their homework every day.
			no brother and sister.

2. 인칭에 맞는 be, do, have동사 과거형을 채운 후에, 큰 소리로 읽어보세요.

문항	인칭	동사	보어/목적어
01	I	was	a student two years ago.
			my duty very well.
			a nice pencil.
02	You		a doctor.
			your duty very well.
			a nice cap.
03	He She it		happy yesterday.
			his duty very well.
			a big nose.
04	We You They		happy last night.
			our duty very well.
			a nice house.
05	John Judy		a teacher three months ago.
			his duty very well.
			a good bag.
06	John and Judy		very smart last year.
			their homework last week.
			no brother and sister.

3. 인칭에 맞는 be, do, have동사 미래형을 채운 후에, <u>큰 소리로</u> 읽어보세요.

문항	인칭	동사	보어/목적어
01	I	will be	a student.
			my duty very well.
			a nice pencil.
02	You		a doctor.
			your duty very well.
			a nice cap.
03	He She it		happy in the future.
			his duty very well.
			a big nose.
04	We You They		happy before long.
			our duty very well.
			a nice house
05	John Judy		a teacher.
			his duty very well.
			a good bag.
06	John and Judy		very smart.
			their homework every day.
			brother and sister.

4. 인칭에 맞는 be, do, have동사를 보기에서 선택하여 빈칸을 채우세요.

문항	인칭	〈보기〉 현재형			〈보기〉 과거형		
		am/are/is	do/does	have/has	was/were	did	had
01	I	am	do	have	was	did	had
02	You						
03	He						
04	She						
05	We						
06	They						
07	It						
08	My brother						
09	John						
10	John and Judy						

5. 올바른 문장이 될 수 있도록 do동사나 be동사의 올바른 형태로 빈칸을 채우세요.

01 My father _____ not like drinking.

02 _____ he meet his girl friend these days?

03 Where _____ she from?

04 My teacher _____ very kind to us.

05 _____ you usually have breakfast?

06 I hope that we can _____ very good friends.

6. 미로 찾기로 영어 문장 만들기

○ 열심히 일한 개미가 함정을 피해 무사히 음식창고에 도착할 수 있도록 올바른 단어를 찾아서 영어 문장을 완성하세요.

정답 ▶ p. 250

정답 쓰기

응용문제

❶ 그는 이가 아프다. → _____

❷ 그녀는 머리가 아프다. → _____

❸ 나는 어제 머리가 아팠다. → _____

연습 문제 **7.** 그림에서 영어단어 찾아 작문하기

1. 그림 속에서 영어단어를 찾아 기본문제로 주어진 국어 문장에 맞는 영어 문장을 쓰세요.

(※ 도형 테두리 힌트 : 빨강 – 주어, 파랑 – 동사, 녹색 – 목적어, 분홍 – 수식어 자리)

정답 ▶ p. 252

기본문제 1

❶ 그녀는 아침 6시에 아침을 먹는다. (게임 3형식–7 선택)

❷ 우리는 지난 토요일 1시에 점심을 먹었다. (게임 3형식–8 선택)

응용문제

❶ 나는 7시에 아침을 먹는다. ➔ _____

❷ 우리는 6시에 저녁을 먹을 것이다. ➔ _____

❸ 나는 점심으로 피자를 먹을 것이다. ➔ _____

2. 그림 속에서 영어단어를 기본문제로 주어진 국어 문장에 맞는 영어 문장을 쓰세요.

(※ 도형 테두리 힌트 : 빨강 – 주어, 파랑 – 동사, 녹색 – 목적어, 분홍 – 수식어 자리)

정답 ▶ p. 252

기본문제 2

우리는 해외에서 막 도착했습니다. (게임 1형식–1 선택)

	3개 단어	1개 단어	2개 단어

응용문제

❶ 그녀는 해외에서 막 도착했습니다.

→ --

❷ 나는 막 나의 숙제를 끝마쳤습니다.

→ --

❸ 나의 동생은 막 그의 숙제를 끝마쳤습니다.

→ --

3. 그림 속에서 영어단어를 찾아 기본문제로 주어진 국어 문장에 맞는 영어 문장을 쓰세요.
(※ 도형 테두리 힌트 : 빨강 − 주어, 파랑 − 동사, 녹색 − 목적어, 분홍 − 수식어 자리)

정답 ▶ p. 252

기본문제 3

그녀는 머지않아 유명한 댄서가 될 것이다. (게임 2형식−5 선택)

	2개 단어	3개 단어	2개 단어

응용문제

❶ 그는 머지않아 유명한 가수가 될 것이다.

➜ --

❷ 그들은 지난달에 유명한 배우가 되었다.

➜ --

❸ 나는 미래에 유명한 댄서가 될 것이다.

➜ --

8. Have동사 도표로 익히기

O 다음 도표의 각 번호에 적합한 Have동사나 빠진 내용을 답안지에 쓰세요.

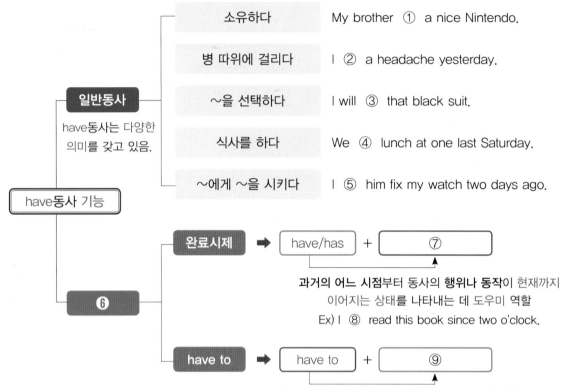

소유하다	My brother ① a nice Nintendo.
병 따위에 걸리다	I ② a headache yesterday.
~을 선택하다	I will ③ that black suit.
식사를 하다	We ④ lunch at one last Saturday.
~에게 ~을 시키다	I ⑤ him fix my watch two days ago.

일반동사

have동사는 다양한 의미를 갖고 있음.

have동사 기능

완료시제 ➡ have/has + ⑦

과거의 어느 시점부터 동사의 **행위나 동작**이 현재까지
이어지는 상태를 나타내는 데 도우미 역할
Ex) I ⑧ read this book since two o'clock.

⑥

have to ➡ have to + ⑨

"have to" 의미는 ⑩ 는 뜻으로 뒤에 동사원형을 써야 하고,
동사에 의무감을 부여하는 도우미 역할을 하며,
must에 없는 과거형 ⑪ to를 갖고 있음.
Ex) You ⑫ do your homework today.

문제
답안지

문항	정 답	문항	정 답	문항	정 답	문항	정 답
①		④		⑦		⑩	
②		⑤		⑧		⑪	
③		⑥		⑨		⑫	

연습문제 **9.** Crossword Puzzle

O 올바른 영어 문장이 될 수 있도록 가로세로 퍼즐 빈칸에 들어갈 단어를 <u>보기에서 찾아서 쓰세요.</u>

● Gilmeg Puzzle 1

4개 문장 완성

				to	do	today
	She					
		breakfast	at		every day	
	a					
		nine				
		yesterday				

보기

We / doll / He / has / had / have / something
at / pretty / seven

점수 : _____ / 10개

응용문제

❶ 나는 어제 돈이 없었다. (no, yesterday)

➡ --

❷ 나는 오늘 해야 할 일이 있다. (something, do, to, today)

➡ --

4개 문장 완성

I		a		now
		dinner		six
		at		
		on		
yesterday		weekdays		

> **보기**
>
> We / She / have / has / had / stomachache
>
> breakfast / early / seven / at
>
> 점수 : _____ / 10개

응용문제

❶ 나는 지금 머리가 아프다.

→ --

❷ 그는 내일 7시에 아침을 먹을 것이다. (will, tomorrow)

→ --

❸ 나는 먹을 것이 필요하다.

→ --

Unit **5**

인칭대명사 쓰임과 용법 익히기

Chapter 1. 인칭대명사 개념 및 쓰임 이해하기

Chapter 2. 인칭대명사의 국어 의미 익히기

Chapter 3. 국어 의미에 맞는 인칭대명사 익히기

Chapter 4. 특허받은 학습법으로 영어 문장 어순 쉽게 익히기

인칭대명사 개념 및
쓰임 이해하기

인칭대명사의 개념 이해

○ 다음의 밑줄 친 부분에 적절한 말을 채우거나 둘 중에서 맞는 것을 선택하여 이야기를 완성해 보세요.

『특허받은 길맥영문법 ①』은 '놀잇감에 학습'을 접목하여 교재와 교구로 구성된 『영어기본동사 맥퍼즐』을 토대로 하여 창의적으로 개발된 교재입니다. 이것은 색상+도형+도표+그림+스토리텔링을 활용하여 영어 학습에서 가장 중요한 영어의 핵심원리와 문장을 학습자 눈높이에 맞추어 단계적으로 학습할 수 있도록 구성되어 있습니다. 뿐만 아니라 이 교재 내용을 오락성과 학습성을 접목시켜 개발한 카드 및 퍼즐 교구와 다양한 학습 게임으로도 병행하여 학습할 수 있기 때문에 높은 시너지 학습효과를 기대할 수 있습니다.

사람뿐만 아니라 동물이나 사물을 대신해서 사용되는 '인칭대명사'는 수·인칭·격(문장 내 역할)에 따라 다르게 쓰이므로 의미와 용법을 익히는 것은 영어 학습에서 아주 중요합니다. 그래서 처음에는 인칭대명사를 축구장 모양의 8각형 한가운데를 중심으로 인칭에 따라 8개 부분으로 나누고, 그것을 다시 문장 내 역할에 따라 도형과 색상을 활용하여 주격, 소유격, 목적격, 소유대명사, 재귀대명사 5단계로 구분하였습니다. 명사를 대신해서 사용되는 인칭대명사가 수·인칭·격에 따라서 변하는 모습인 주격뿐만 아니라, '소유격+명사' 의미를 갖고 있는 소유대명사 그리고 인칭대명사에 '~self(복수형은 ~selves)'를 붙여서 myself, yourself, themselves 등의 모습으로 '~자신, ~자체'라는 의미를 나타내는 재귀대명사를 교재뿐만 아니라 카드 및 퍼즐 교구와 다양한 학습 게임으로도 병행하여 학습할 경우 높은 효과를 기대할 수 있습니다.

그러면, 이런 '인칭대명사'의 정체를 밝힐 수 있는 주문들을 마법사로부터 터득해 가는 '맥퍼즐'과 함께 재미있고 신나는 영어마법나라 탐험을 떠나 볼까요.

 1 인칭대명사 종류 및 의미 익히기

 맥퍼즐아!
너는 즉시 '인칭대명사'의 여러 가지 의미와 용법을 이해하지 못해 영어로 고통받고 있는 아이들에게 달려가서 '인칭대명사'의 정체를 밝혀주어라!

 마법사님, 퍼즐조각을 다 맞추어 놓기는 했는데, '인칭대명사'라는 말이 무슨 뜻인지 모르겠어요.

 인칭대명사/재귀대명사란 말하는 사람과의 관계를 나타내면서 사람을 대신해서 가리키는 '대명사'란다. 그런데 이것은 사람뿐만 아니라 동물이나 사물을 대신해서 가리킬 때도 쓴단다. 예를 들어, 내가 맥퍼즐을 가리킬 때 '너(you)'라고 부르는 것처럼 네 여자 친구는 '그녀(she)', 네 남자 친구는 '그(he)'라 하고 '책 한 권(a book)'이나 '책상 하나(a desk)'는 '그것(it)'이라고 하는 말들이 모두 '_____'라고 한단다.

국어나라 <u>예</u> **<u>안나</u>는** 노래를 잘한다. → **<u>그녀</u>는** 노래를 잘한다.

*안나는 여성이므로 인칭대명사를 이용하여 '그녀'로 표현.

영어나라 <u>예</u> <u>Anna</u> sings very well. → **<u>She/He</u>** sings very well.

*Anna는 여성이고, 동사 'sings'의 주어이므로 3인칭 단수이면서 주격인 인칭대명사 <u>She/He</u>로 표현.

국어나라 <u>예</u> 책상 위에 책 한 권이 있다. → **<u>그것</u>은** 내 것이다.

*책은 사물이므로 인칭대명사를 이용하여 '그것'으로 표현.

영어나라 <u>예</u> There is <u>a book</u> on the desk. → **<u>They/It</u>** is mine.

*'a book'은 사물이고, 동사 'is'의 주어이므로 3인칭 단수이면서 주격인 인칭대명사 '<u>It</u>'으로 표현.

 그러니까 마법사님 말씀은 인칭대명사는 사람이나 사물의 특정한 이름을 대신해서 쓸 수 있다는 말씀이잖아요.

그러면, a computer, a pencil 등도 사물이면서 단수이므로 모두 '_____'으로 대신 표현할 수 있겠네요.

 옳거니, 이제 맥퍼즐이 정신을 차린 모양이구나.

 그런데 그냥 명사를 쓰면 분명할 텐데, 왜 '인칭대명사'를 쓰나요?

사람들은 똑같은 말을 반복해서 사용하는 것을 몹시 싫어하거든.

그래서 같은 명사를 반복해서 사용하는 것 대신에 인칭대명사를 사용하면 싫증도 나지 않고 편리하기 때문이지. 비유하자면, 명사는 동네축구선수이고, 인칭대명사는 국가대표선수 같은 거야. 그럼 내가 이것을 간단한 마법도표로 보여주마.

예 There are new <u>books</u> on the desk. (책상 위에 새 책들이 있다.)

　→ <u>They</u>/It are mine. (그것들은 나의 것이다.)

<u>John and Anna</u> are my friends. (존과 안나는 내 친구들이야.)

　→ It/<u>They</u> are kind. (그들은 친절해.)

 명사는 특정한 것만 지칭하는데, **소유대명사/인칭대명사**는 단수와 복수, 사람과 사물, 남성ㆍ여성ㆍ중성 구별만 하면 폭넓게 사용할 수 있어 편리하겠네요.

 그러니까 단어를 공부할 때는 명사보다도 그것을 대표하는 인칭대명사를 먼저 학습하는 것이 좋단다.

 아하! 그래서 쌤들께서 인칭대명사를 꼭 외우라고 하셨군요.

그런데 마법사님~ 인칭대명사는 종류도 많고, 주격, 소유격, 목적격 등과 같은 말이 있는데, 이것들은 어떻게 구분해서 사용해야 되나요?

 너도 알고 있듯이 인칭대명사는 **어느 위치에 쓰이느냐에 따라 그 모습이 다르단다.**

예를 들면, 남성인지 여성인지를 따져보아야 하고, 단수인지 복수인지도 살펴보아야 하고, 그리고 어느 위치에 쓰였는지 꼼꼼하게 확인해야 한단다.

인칭을 구별해서 나타내는 I/my/me, you/your/you, he/his/him, they/their/them 등은 문장 내에서 어느 위치에 놓여서 어떤 역할을 하느냐에 따라 **주격,** ＿＿＿＿＿＿＿, ＿＿＿＿＿＿＿ 등으로 변신해서 나타나야만 문장에서 살아남을 수 있단다. 이것은 사람들이 때와 장소에 따라 옷을 알맞게 입어야만 놀림을 받지 않는 것과 같단다. 마찬가지로 1인칭 대명사가 **동사 앞 주어 자리**에 있는 경우에는 동사의 주인 역할을 하는 ＿＿＿＿＿＿(I)을, **타동사 뒤**에 위치하여 동작의 대상이 되는 **목적어 자리**에 있는 경우에는 ＿＿＿＿＿＿(me)을, **명사 앞**에서는 그 명사(예 : book)의 **소유자**를 나타내주는 ＿＿＿＿＿＿(my book)으로 변신해서 나타나야만 문장에서 살아남을 수가 있지.

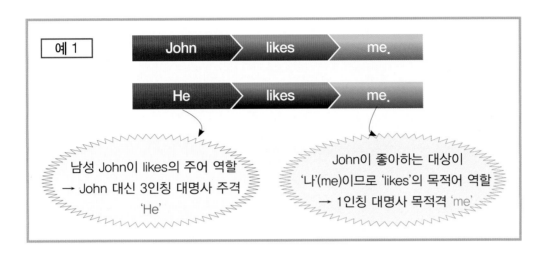

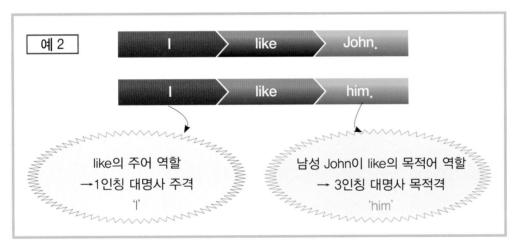

 네~ 도형으로 설명해 주시니까 훨씬 이해가 잘 되는 것 같아요.
그런데 마법사님! '소유격'은 또 뭔가요?

 지.. **주격/소유격**이란 가령 어떤 물건이 서로 자기의 것이라고 싸울 수 있으니까 그 물건이 자신의 것인지, 그녀의 것인지, 네 것인지 그 **물건의 주인을 분명하게 밝혀주는 것**을 말하지.

 아하! 그럼, 소유격은 사물과 함께 쓰는 것이군요.

 꼭 그런 것은 아니란다. 사물뿐만 아니라 사람을 지칭하는 son, mother, teacher 등과 함께 쓰일 수도 있지. 뿐만 아니라 소유격은 **명사/형용사** 앞에 쓰이는데, 더 중요한 사실은 **명사 없이 혼자서는 절대로 쓰이지 못한다**는 것이란다.

This is __my__. (×)

        ↳ 소유격 my 다음에 명사가 필요함.

This is __she/her__ computer. (○)

            ↳ 컴퓨터 소유자가 '그녀'라는 의미.

 마법사님, 그럼 '성'은 뭘 말하나요? 겨울왕국에서 엘사가 사는 그런 성인가요? 아니면~ 으흠.

 아니란다. 여기에서 말하는 '성'은 김씨, 이씨, 박씨처럼 이름 앞에 붙는 성도 아니고, '성'이란 생물의 암수나 남녀 구별을 뜻하는 말이지. 가령 여성을 나타내는 내 여자 친구의 경우에는 '그녀(_____)'로, 남성을 나타내는 내 남자 친구의 경우에는 '그(_____)'로, 중성을 나타내는 책 한 권(a book)을 다시 말하는 경우나 책상 하나(a desk), 의자 하나(a chair) 등 사물 하나를 다시 말하는 경우에는 '그것(_____)'으로 구분해서 말할 수 있지. 즉 남성 → 남성, 여성 → 여성, 중성 → 중성으로 표현해야 한단다.

I like Anna. That's why __she/he__ is pretty.

 그러니까, 인칭대명사는 문장 내에서 _____(단수 · 복수), _____(남성 · 중성 · 여성), _____(주격 · 소유격 · 목적격)을 구별해서 올바르게 사용해야 한다는 말씀이잖아요?

 맥퍼즐이 내가 하고 싶은 말을 꼭 집어서 잘 해주었구나!
그러면, 소유격과 소유대명사의 차이점이 뭔지 알고 있니?

 모두 소유라는 말이 들어 있으니까 비슷한 뜻인 것 같기는 한데, 어떻게 다른지는 잘 모르겠어요.

 그럼, 내가 알려주는 수밖에 없구나.
소유격과 소유대명사의 차이점을 누구나 쉽게 이해할 수 있도록 마법주머니에 도표로 담아 놓았다.
자~ 어서, 꺼내보거라.

구분 / 차이점	단수/복수	인칭 구분				
		1인칭	2인칭	3인칭		
				남성	여성	중성
소유격 형용사처럼 명사 앞에 위치하며, 뜻은 '~의'	단수	my 나의	your 당신의	his 그의	her 그녀의	its 그것의
	복수	our 우리의	your 당신들의	their 그들의 그것들의		
소유대명사 '소유격+명사'를 대신하여 단독으로 명사처럼 사용하며, 뜻은 '~의 것'	단수	mine 나의 것	yours 당신의 것	his 그의 것	hers 그녀의 것	×
	복수	ours 우리의 것	yours 당신들의 것	theirs 그들의 것		

♠ 소유격

예 This is my book. 이것은 나의 책이다.

→ _____ book(당신의 책) / _____ book(그녀의 책) / _____ book(그의 책)

*소유격을 바꿔 가면서 문장을 연습해 보거라.

♠ 소유대명사

예 This book is mine. 이 책은 나의 것이다.

→ _____ (당신의 것) / _____ (그녀의 것) / _____ (그의 것)

*소유대명사를 바꿔 가면서 문장을 연습해 보거라.

 이런 방법으로 문장을 연습하면 정말 영어를 잘할 수 있을 것 같아요.

 당연하지. 나를 믿고 잘 따라하면 영어를 잘할 수 있단다.

 마법사님~ 한 가지 더 궁금한 게 있어요. 인칭대명사 중에서 꼬리부분에 ~self(selves)로 장식한 <u>소유대명사/재귀대명사</u>가 정말 어려운 것 같아요.

 그렇게 어려운 건 아니란다. 우리가 '나 스스로', '나 혼자서' 이런 말을 하는 것처럼 영어에도 그런 말이 있는 거란다. 잘 들어보렴.

<u>재귀대명사/소유대명사</u>란 '재(再, 다시 재), 귀(歸, 되돌아갈 귀)' 한자에서 알 수 있듯이 '재귀'란 "다시 돌아온다"라는 뜻으로, 주어의 동작이 다시 주어로 되돌아가는 관계를 나타내는 대명사를 말한단다. 인칭대명사에 '~self(복수형은 ~selves)'를 붙여서 myself, yourself, themselves 등의 모습으로 '~자신, ~자체, ~스스로'라는 의미를 나타내지.

예 1 I enjoy teaching <u>it/itself</u>.

나는 가르치는 것 자체를 좋아한다.

teaching(가르치는 것)은 3인칭이므로 'it'으로 받을 수 있지만, 이 문장에 이미 목적어 (teaching)가 쓰였기 때문에 인칭대명사 목적격 'it' 대신에 '가르치는 것 자체'라는 의미를 가진 재귀대명사 '⎯⎯⎯⎯⎯'를 써야 한다. 재귀대명사 'itself'는 생략해도 완전한 문장이 되는데, 목적어(teaching)를 강조하기 위해 '강조용법'으로 쓰인 것이다.

예 2 You have to do your homework for <u>you/yourself</u>.

너는 너 스스로(혼자 힘으로) 숙제를 해야만 한다.

마법사님 덕분에 지금까지 복잡하게만 보이던 '인칭대명사'의 정체를 확실하게 알게 되었어요. 정말 고맙습니다.

그런데 지금은 '인칭대명사'의 정체를 다 알고 있는 것처럼 자신만만하지만, 인칭대명사가 수와 ⎯⎯⎯⎯⎯ 그리고 격(역할)에 따라서 변하는 모습을 반복해서 외우지 않으면 금방 잊어버린단다. 좋아하는 노래처럼 익숙해질 수 있도록 인칭대명사의 문장 내 쓰임을 8개 문장으로 아이들이 좋아하는 그림 속에 넣어 두었으니 꼭 암기하도록 하여라.

② 인칭대명사 문장 내 쓰임 익히기

 맥퍼즐아, 너는 비행기 프로펠러 모양의 한가운데를 중심으로 인칭에 따라서 8종류로 구분하고, 그것을 주어로 하고 있고, 문장 구성성분에 따라 4단계로 나눈 도형과 배치된 색상을 보면서 집중력과 연상력을 바탕으로 인칭대명사를 익힐 수 있단다. 즉 인칭대명사가 **'문장에서 쓰인 성분(역할)'**에 따라서 변하는 형태인 주격·소유격·목적격은 물론 소유대명사나 재귀대명사가 문장 내에서 어떤 기능과 어느 위치에서 쓰이는지를 자연스럽게 문장을 통해서 습득하는 것이 중요하단다.

문항	인칭대명사가 쓰인 예문	국어 의미
01	I invited her on my birthday.	나는 내 생일에 그녀를 초대했어.
02	You have to do your homework by yourself.	너는 숙제를 너 스스로(혼자서) 해야만 돼.
03	He lent me his nice bicycle.	그는 나에게 그의 멋진 자전거를 빌려주었어.
04	She met them yesterday.	그녀는 어제 그들을 만났어.
05	It is yours from now.	그것은 지금부터 너의 것이야.
06	We saw their sons last night.	우리는 지난밤에 그들의 아들들을 보았어.
07	You should be proud of yourselves.	너희들은 자기 자신에 대해 자부심을 가져야만 돼.
08	They played soccer with us last Sunday.	그들은 지난 일요일에 우리와 축구를 했어.

 네, 잘 알았습니다.

마법사님, 저도 이제 인칭대명사만큼은 자신 있어요. 제가 친구들에게 가르쳐주려고 매직차트를 준비했어요.

인칭대명사 주문을 외우면서 버튼을 한 번만 누르면, 인칭대명사에 대한 핵심내용을 한눈에 볼 수 있는 마법도표로 나타나요.

자, 한 번 보세요.

구분 / 역할	단수/복수	인칭 구분			
		1인칭	2인칭	3인칭		
				남성	여성	중성
주격 문장에서 동사 앞에 위치하여 주어로 쓰이며, 뜻은 '~은/는, ~이/가'	단수	I 나는	you 당신은	he 그는	she 그녀는	it 그것은
	복수	we 우리는	you 당신들은	they 그들은 그것들은		
소유격 형용사처럼 명사 앞에 위치하며, 뜻은 '~의'	단수	my 나의	your 당신의	his 그의	her 그녀의	its 그것의
	복수	our 우리의	your 당신들의	their 그들의 그것들의		
목적격 '타동사'나 '전치사' 뒤에 위치하여 목적어로 쓰이며, 뜻은 '~을/를, ~에게'	단수	me 나를	you 당신을	him 그를	her 그녀를	it 그것을
	복수	us 우리를	you 당신들을	them 그들을 그것들을		
소유대명사 '소유격+명사'를 대신하여 단독으로 명사처럼 사용하며, 뜻은 '~의 것'	단수	mine 나의 것	yours 당신의 것	his 그의 것	hers 그녀의 것	×
	복수	ours 우리의 것	yours 당신들의 것	theirs 그들의 것		
재귀대명사 '자기 자신'을 뜻하는 것으로 재귀용법과 강조용법이 있으며, 뜻은 '~자신, ~자체, ~스스로'	단수	myself 나 자신	yourself 당신 자신	himself 그 자신	herself 그녀 자신	itsself 그것 자체
	복수	ourselves 우리 자신	yourselves 당신들 자신	themselves 그들 자신 그것들 자체		

어이쿠~ 맥퍼즐이 인칭대명사 도표를 완벽하게 잘 만들었구나.

그동안 네가 인칭대명사 탐험을 얼마나 열심히 했는지 이 도표를 보니 한눈에 알 수가 있다.

자, 그렇다면 이번에는 영어마법나라에서 인칭대명사를 사용할 때 꼭 지켜야 할 **3박자(수, 인칭, 격)** 규칙 중에서 내가 '인칭'개념과 관련된 설명과 문제들을 써 놓았으니 읽으면서 국어 의미에 맞는 영어 인칭대명사를 말해 보거라.

마법사님이 인칭대명사 개념과 관련해서 만들어 놓은 문제를 제가 읽으면서 답변해 볼게요.

이 세상에서 유일하게 문자를 사용하게 된 인간은 자신들이 최고라 여기고 언제 어디서나 항상 대문자로 나타나 우쭐거리는 '**나는**'은 I/You라 하고, 혼자는 심심하니까 이야기할 상대를 찾아 '**너는**'은 '_____', 나와 짝꿍인 너를 제외한 다른 사람을 이름으로 부르지 않고 가리킬 때, '**남성**'은 '_____', '**여성**'은 '_____'라 하고, 물건을 가리킬 때는 **하나**인 경우 '_____'라 불렀지. 하지만 시간이 흘러 사람들과 물건들이 늘어나기 시작하면서 나와 가까운 사람들, 그러니까 나의 가족, 친구, 마을 사람들을 통틀어 가리켜 '**우리**'는 '_____', 우리와 어울리는 **상대편(당신들)**은 '_____'라 하고, 그 이외의 **모든 사람들과 물건들**은 '_____'라 부르기로 약속한 거란다.

짝짝짝! 맥퍼즐아, 답변을 아주 잘 했다. 네가 지금 답변한 내용은 영어마법나라에서는 아주 중요한 내용이므로 너의 친구들에게도 이 내용을 꼭 알고 있어야 한다고 전해 주거라. 그러면 네가 지금 말한 것 중에서 너의 친구들이 어려워하는 문법용어와 관련하여 몇 가지 더 질문을 할 테니 대답해 보거라.

마법사님, 질문해 보세요.

알겠다. 다음 질문에 대답해 보거라.

문제 1. 문장에서 동사 앞에 위치하여 주어 역할을 하는 것을 <u>**주격/목적격**</u> 인칭대명사라 하고, 뜻은 '∼은/는, ∼이/가'임.

문제 2. 형용사처럼 **명사 앞**에 위치하여 명사 의미를 한정시켜 주는 것을 _____ 인칭대명사라 하고, 뜻은 '∼의'임.

문제 3. '**타동사**'나 '**전치사**' **뒤에 위치하여 목적어 역할을 하는 것**을 _____ 인칭대명사라 하고, 뜻은 '∼을/를, ∼에게'임.

문제 4. '**소유격 + 명사**'의 역할을 단독으로 하여 명사처럼 사용하는 것을 <u>**소유대명사/재귀대명사**</u>라 하고, 뜻은 '∼의 것'임.

문제 5. '**자기 자신**'을 뜻하는 것으로 재귀용법과 강조용법을 갖고 있는 것을 _____ 라 하고, 뜻은 '∼자신, ∼자체, ∼스스로'임.

아주 잘 대답했다.
그렇다면 이번에는 내 차례구나.
문장에서 올바른 인칭대명사를 선택하는 마법주문을 알려주마.
가령, 국어나라에서도 문장을 쓸 때 조사를 내 마음대로 쓰면 안 되는 것처럼,

국어나라   나의 나 생일에 그녀에게 초대했다.   (×)

➜ 나는 내 생일에 그녀를 초대했다. (○)

'나는' 대신에 '나의'처럼 문장 성분에 맞는 조사가 사용되지 않으면 도대체 무슨 말을 하는지 알 수가 없지. 마찬가지로 영어마법나라에서도 문장의 성분에 맞는 인칭대명사를 쓰는 것이 중요하단다.

내가 첫 번째 문제를 가지고 문제를 어떻게 해결해야 하는지 설명해 줄 테니 다른 문제들은 네 스스로 해결해 보거라.

문제 1. 나는 내 생일에 그녀를 초대했다.

(1) '나는'에 해당되는 1인칭 **주격** (I)

➜ 동사 invited(초대했다) 행위의 주체이므로 단수 1인칭 주격 'I'를 써야 함.

(2) '그녀를'에 해당되는 단수 3인칭 여성 **목적격** (her)

➜ 동사 invited(초대했다) 행위의 대상이므로 단수 3인칭 여성의 목적격 'her'를 써야 함.

(3) '내(나의)'에 해당되는 **소유격** (my)

➜ 명사 생일(birthday)이 누구의 생일인지를 나타내주는 소유격이 필요하므로 'my'를 써야 함.

 문제가 어려워 보였는데, 마법사님의 명쾌한 설명을 듣고 나니 자신감이 생겼어요.

 자, 그럼 이런 식으로 연습문제를 풀어보거라.

 네, 자신 있어요. 한 번 해볼게요.

 자, 이 마법주머니를 열고 각각의 예문이 올바른 문장이 될 수 있도록 국어 의미를 참고하여 괄호 안에 알맞은 **인칭대명사**를 써서 완성시켜 보거라.

문제 2. 그녀는 그녀의 생일에 나를 초대했다.

(   ) > invited > (   ) | on (   ) birthday.

문제 3. 너는 너의 숙제를 네 스스로(혼자서) 해야 한다.

(   ) > have to do > (   ) homework | by (   ).

문제 4. 나는 나의 숙제를 내 스스로(혼자서) 해야 한다.

(   ) > have to do > (   ) homework | by (   ).

문제 5. 그는 나에게 그의 멋진 자전거를 빌려주었다.

(   ) > lent > (   ) | (   ) nice bicycle.

문제 6. 나는 그에게 나의 야구공을 빌려주었다.

(   ) > lent > (   ) | (   ) baseball.

문제 7. 그녀는 어제 그들을 만났다.

(   ) > met > (   ) | yesterday.

문제 8. 그들은 내일 그녀를 만날 것이다.

(   ) > will meet > (   ) | tomorrow.

문제 9. 그것은 지금부터 네 것이다.

(   ) > is > (   ) | from now.

문제 10. 이 장난감은 지금부터 나의 것이다.

This toy > is > (   ) | from now.

문제 11. 우리는 어젯밤에 그들의 아들들을 보았다.

(   ) > saw > (   ) sons | last night.

문제 12. 나는 어제 그녀의 딸을 보았다.

(   ) > saw > (   ) daughter | yesterday.

문제 13. 너희들은 너희 자신에 대해 자부심을 가져야 한다.

(   )   should be   proud   of (   ).

문제 14. 우리들은 우리 자신에 대해 자부심을 가져야 한다.

(   )   should be   proud   of (   ).

문제 15. 우리는 어제 그와 함께 야구를 했다.

(   )   played   baseball   with (   ) yesterday.

 마법사님, 어때요. 잘했죠?

어려운 인칭대명사, 소유대명사, 재귀대명사를 문장을 통해서 알아보고, 이렇게 연습문제까지 풀면서 응용력을 쌓았으니까 이제 어떤 문장이든지 이것들을 잘 활용할 수 있을 것 같아요.

 그래, 기특하구나.

그동안 기본동사(do, be, have)와 인칭대명사에 대한 모든 미션을 수행하느라 맥퍼즐이 수고가 많았다.

인칭대명사의 국어 의미 익히기

 영어 인칭대명사에 맞는 국어 의미를 리듬에 맞추어 <u>큰</u> 소리로 3회씩 읽으세요.

문항	인칭대명사	국어 의미	인칭대명사	국어 의미
01	I	나는	it	그것을/그것에게
02	You(단수)	너는	us	우리에게/우리를
03	He	그는	you(복수)	너희들에게/너희들을
04	She	그녀는	them	그들에게/그들을
05	It	그것은	mine	나의 것
06	We	우리는	yours(단수)	너의 것
07	You(복수)	너희들은	his	그의 것
08	They	그들은/그것들은	hers	그녀의 것
09	my	나의	ours	우리의 것
10	your(단수)	너의	yours(복수)	너희들의 것
11	his	그의	theirs	그들의 것
12	her	그녀의	myself	나 자신
13	its	그것의	yourself	너 자신
14	our	우리의	himself	그 자신
15	your(복수)	너희들의	herself	그녀 자신
16	their	그들의	itself	그것 자체
17	me	나에게/나를	ourselves	우리 자신
18	you(단수)	너에게/너를	yourselves	너희들 자신
19	him	그에게/그를	themselves	그들 자신
20	her	그녀에게/그녀를		

2 ( )안에 인칭대명사에 맞는 국어 의미를 쓰세요.

역할＼구분	단수/복수	인칭 구분				
		1인칭	2인칭	3인칭		
				남성	여성	중성
주격 문장에서 동사 앞에 위치하여 주어로 쓰이며, 뜻은 '～은/는, ～이/가'	단수	I ( )	You ( )	He ( )	She ( )	It ( )
	복수	We ( )	You ( )	They 그것들은/그들은		
소유격 형용사처럼 명사 앞에 위치하며, 뜻은 '～의'	단수	my ( )	your ( )	his ( )	her ( )	its ( )
	복수	our ( )	your 너희들의	their ( ) 그것들의		
목적격 '타동사'나 '전치사' 뒤에 위치하여 목적어로 쓰이며, 뜻은 '～을/를, ～에게'	단수	me ( )	you ( )	him ( )	her ( )	it ( )
	복수	us ( )	you 너희들을	them ( ) 그것들을		
소유대명사 '소유격+명사'를 대신하여 단독으로 명사처럼 사용하며, 뜻은 '～의 것'	단수	mine ( )	yours ( )	his ( )	hers ( )	×
	복수	ours ( )	yours 너희들의 것	theirs ( )		
재귀대명사 '자기 자신'을 뜻하는 것으로 재귀용법과 강조용법이 있으며, 뜻은 '～자신, ～자체, ～스스로'	단수	myself ( )	yourself ( )	himself ( )	herself ( )	itsself 그것 자체
	복수	ourselves ( )	yourselves 너희들 자신	themselves ( ) 그것들 자체		

Chapter 3

국어 의미에 맞는 인칭대명사 익히기

○ ( ) 안에 국어 의미에 맞는 올바른 형태의 인칭대명사를 쓰세요.

구분 / 역할	단수/복수	인칭 구분		3인칭		
		1인칭	2인칭	남성	여성	중성
주격 문장에서 동사 앞에 위치하여 주어로 쓰이며, 뜻은 '~은/는, ~이/가'	단수	(　　　) 나는	(　　　) 너는	(　　) 그는	(　　) 그녀는	(　　) 그것은
	복수	(　　) 우리는	(　　) 너희들은	(　　　　　) 그들은 그것들은		
소유격 형용사처럼 명사 앞에 위치하며, 뜻은 '~의'	단수	(　　) 나의	(　　) 당신의	(　　) 그의	(　　) 그녀의	(　　) 그것의
	복수	(　　) 우리의	(　　) 너희들의	(　　　　　) 그들의 그것들의		
목적격 '타동사'나 '전치사' 뒤에 위치하여 목적어로 쓰이며, 뜻은 '~을/를, ~에게'	단수	(　　) 나를	(　　) 너를	(　　) 그를	(　　) 그녀를	(　　) 그것을
	복수	(　　) 우리를	(　　) 너희들을	(　　　　　) 그들을 그것들을		
소유대명사 '소유격+명사'를 대신하여 단독으로 명사처럼 사용하며, 뜻은 '~의 것'	단수	(　　) 나의 것	(　　) 너의 것	(　　) 그의 것	(　　) 그녀의 것	×
	복수	(　　) 우리의 것	yours 너희들의 것	(　　　　　) 그들의 것		
재귀대명사 '자기 자신'을 뜻하는 것으로 재귀용법과 강조용법이 있으며, 뜻은 '~자신, ~자체, ~스스로'	단수	(　　) 나 자신	(　　) 당신 자신	(　　) 그 자신	(　　) 그녀 자신	(　　) 그것 자체
	복수	(　　) 우리 자신	(　　) 너희들 자신	(　　　　　) 그들 자신 그것들 자체		

Chapter 4

특허받은 학습법으로 영어 문장 어순 쉽게 익히기

국어는 토씨중심 언어지만, 영어는 어순중심 언어이기 때문에 국어와 영어 어순의 차이점을 익히는 것이 영어를 잘할 수 있는 비법이에요.

즉 국어는 어순이 바뀌어도 문장성분을 표시해 주는 토씨(조사)가 있어서 의미전달에는 큰 문제가 없지만, 영어는 어순중심 언어이기 때문에 문장성분이 동사 앞에 위치하느냐, 동사 뒤에 위치하느냐에 따라 성분이 바뀌어 결국, 그 문장의 의미가 달라져요.

Point 1. 동사(서술어)의 위치: 국어는 서술어가 문장 끝에, 영어는 주어 다음에 위치

Point 2. 수식어의 위치: 국어는 시간 + 방법 + 장소 어순, 영어는 장소 + 방법 + 시간 어순

『영어 문장 자석 퍼즐리쉬』

일본어를 모르면 신호체계를 알 수 없을까?

あかしんごうで とまりはさい。
빨간불에는 멈추세요.

あおしんごうで わたりなさい。
파란불에는 건너도 좋아요~.

**색상으로 신호체계를 인지하듯
국어와 영어 어순 차이를 색상으로 쉽게 이해!**

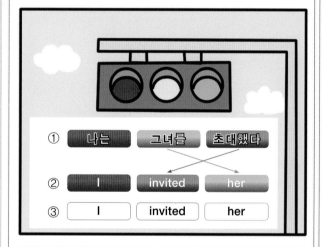

① 나는 그녀를 초대했다
② I invited her
③ I invited her

영어 문장 자석 맥퍼즐 3형식 영어 문장 만들기
1단계

문장 퍼즐 카드의 모양과 색상이 달라서
누구나 쉽게 영어 문장을 만들 수 있어요!

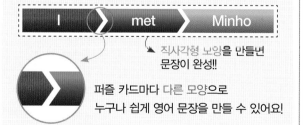

I > met > Minho

직사각형 보양을 만들면
문장이 완성!!

퍼즐 카드마다 다른 모양으로
누구나 쉽게 영어 문장을 만들 수 있어요!

문장의 구성성분을 색상으로 구분

나라마다 언어는 다르지만	나라마다 문장의 어순은 다르지만
신호등의 같은 색상은 같은 의미를 전달	언어의 구조를 이루는 구성성분은 동일

주어	동사	목적어	보어	수식어
빨간색	파란색	녹색	노란색	분홍색

나라마다 사용하는 말은 다르지만

세계 어느 곳을 가든지 신호등을 읽을 수 있다!

나라마다 말의 순서(어순)는 다르지만

문장을 구성하는 구성성분은 같다!

신호등을 보듯이 영어 문장을 색상구분을 통해 공부한다!

빨간불 : 멈추세요~
파란불 : 건너가도 좋아요~

빨간색 : 주어
파란색 : 동사
녹색 : 목적어
노란색 : 보어
분홍색 : 수식어

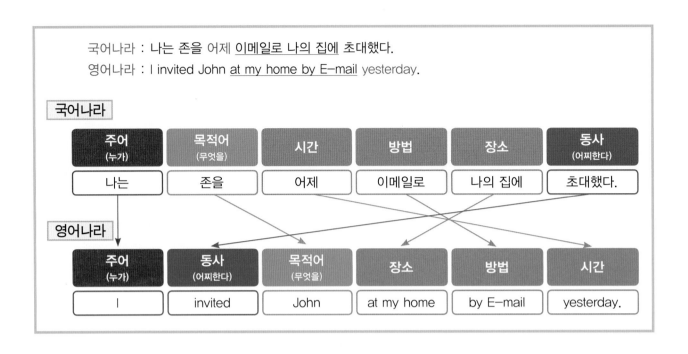

국어나라 : 나는 존을 어제 <u>이메일로 나의 집에</u> 초대했다.

영어나라 : I invited John <u>at my home by E-mail</u> yesterday.

국어나라

주어 (누가)	목적어 (무엇을)	시간	방법	장소	동사 (어찌한다)
나는	존을	어제	이메일로	나의 집에	초대했다.

영어나라

주어 (누가)	동사 (어찌한다)	목적어 (무엇을)	장소	방법	시간
I	invited	John	at my home	by E-mail	yesterday.

➡ 동사의 행위의 대상(목적어)이 동사 앞에 위치

➡ 동사의 행위의 대상(목적어)이 동사 뒤에 위치

국어	나는	어제	그녀를	초대했다.
영어	I	invited	her	yesterday.

Date : 20_____. _____. _____.　　　　Name : _____

연습문제 **1. 도형 빈칸 채우기**

1. 도형의 빈칸에 들어갈 적절한 <u>인칭대명사</u>를 〈보기〉에서 선택하여 문장을 완성하세요.

보기

I / He / myself / They / me / their / You / us / It / my / them / yourselves / his / her / your / yours

문항	정 답	문항	정 답	문항	정 답	문항	정 답
(1)	(그녀를)	(5)		(9)		(13)	
(2)		(6)	(나에게)	(10)		(14)	
(3)		(7)		(11)	(그들의)	(15)	
(4)		(8)	(그들을)	(12)		점수 : _____ / 15개	

문제 답안지

2. 퍼즐의 빈칸에 들어갈 인칭대명사(주격─소유격─목적격─소유대명사)를 퍼즐 조각들을 힌트로 하여 쓰세요.

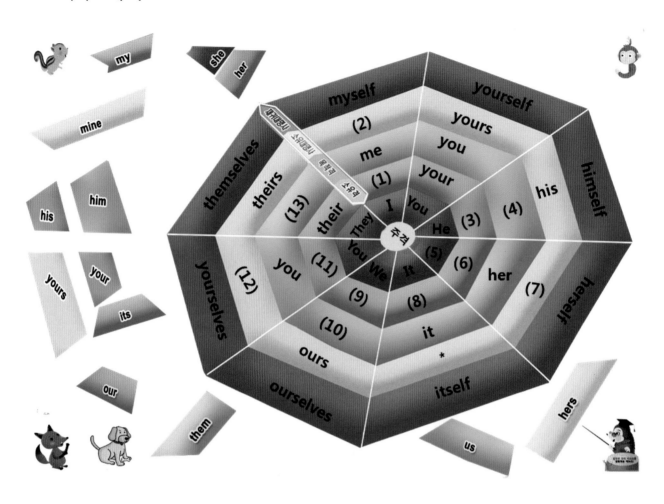

문항	정 답	문항	정 답	문항	정 답	문항	정 답
(1)		(5)		(9)		(13)	
(2)		(6)		(10)			
(3)		(7)		(11)			
(4)		(8)		(12)		점수 : _____ / 13개	

3. 퍼즐의 빈칸에 들어갈 인칭대명사(주격―소유격―목적격―소유대명사)의 적절한 형태를 〈보기〉에서 골라 쓰세요.

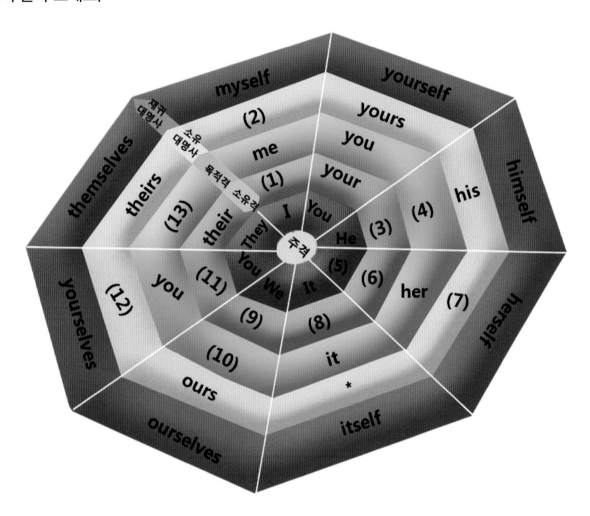

> **보기**
>
> She / its / my / them / mine / him / his / her / your / yours / us / our / her

문항	정 답	문항	정 답	문항	정 답	문항	정 답
(1)		(5)		(9)		(13)	
(2)		(6)		(10)			
(3)		(7)		(11)			
(4)		(8)		(12)		점수 : _____ / 13개	

연습문제 2. 선 연결하기

1. 소유격에 맞는 국어 의미를 선으로 연결해 보세요.

01 my	●	ⓐ 너의
02 your	●	ⓑ 그의
03 his	●	ⓒ 우리의
04 her	●	ⓓ 그들의
05 their	●	ⓔ 나의
06 our	●	ⓕ 그것의
07 its	●	ⓖ 그녀의

2. 목적격에 맞는 국어 의미를 선으로 연결해 보세요.

01 me	●	ⓐ 너에게/너를
02 you	●	ⓑ 그에게/그를
03 him	●	ⓒ 우리에게/우리를
04 her	●	ⓓ 그들에게/그들을
05 them	●	ⓔ 나에게/나를
06 us	●	ⓕ 그것에게/그것을
07 it	●	ⓖ 그녀에게/그녀를

3. 소유대명사에 맞는 국어 의미를 선으로 연결해 보세요.

01	mine	ⓐ	우리의 것
02	yours(단수)	ⓑ	나의 것
03	his	ⓒ	너희들의 것
04	hers	ⓓ	그의 것
05	theirs	ⓔ	너의 것
06	ours	ⓕ	그들의 것
07	yours(복수)	ⓖ	그녀의 것

4. 재귀대명사에 맞는 국어 의미를 선으로 연결해 보세요.

01	myself	ⓐ	그 자신/그 스스로
02	yourself	ⓑ	그녀 자신/그녀 스스로
03	himself	ⓒ	우리 자신/우리 스스로
04	herself	ⓓ	그것 자체/그것 스스로
05	themselves	ⓔ	나 자신/나 스스로
06	ourselves	ⓕ	너 자신/너 스스로
07	itself	ⓖ	그들 자신/그들 스스로

5. 인칭대명사에 맞는 국어 의미를 찾아 <u>선으로 연결</u>한 다음, 인칭대명사와 국어 의미를 큰 소리로 읽으세요. ①

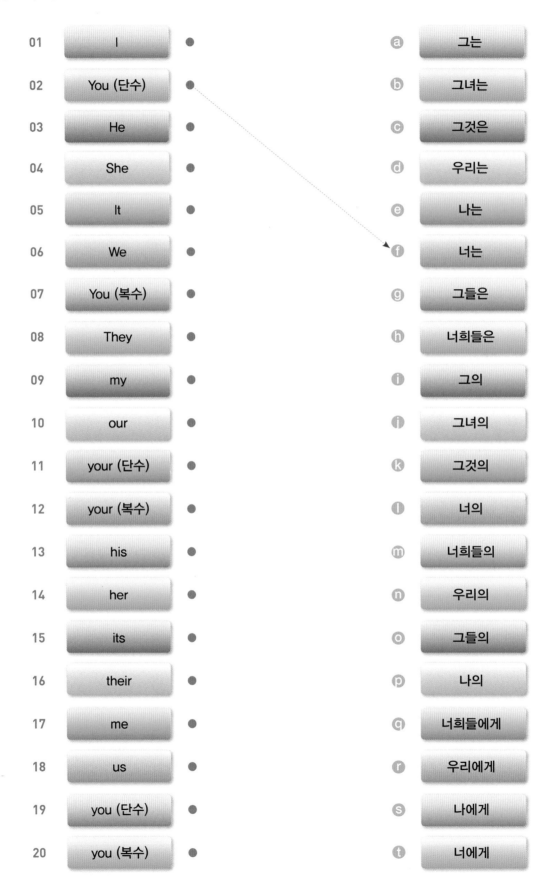

01	I	●	ⓐ	그는
02	You (단수)	●	ⓑ	그녀는
03	He	●	ⓒ	그것은
04	She	●	ⓓ	우리는
05	It	●	ⓔ	나는
06	We	●	ⓕ	너는
07	You (복수)	●	ⓖ	그들은
08	They	●	ⓗ	너희들은
09	my	●	ⓘ	그의
10	our	●	ⓙ	그녀의
11	your (단수)	●	ⓚ	그것의
12	your (복수)	●	ⓛ	너의
13	his	●	ⓜ	너희들의
14	her	●	ⓝ	우리의
15	its	●	ⓞ	그들의
16	their	●	ⓟ	나의
17	me	●	ⓠ	너희들에게
18	us	●	ⓡ	우리에게
19	you (단수)	●	ⓢ	나에게
20	you (복수)	●	ⓣ	너에게

6. 인칭대명사에 맞는 국어 의미를 찾아 <u>선으로 연결</u>하고, 인칭대명사와 국어 의미를 큰 소리로 2회씩 읽으세요.

01	him		ⓐ	그들에게
02	her		ⓑ	그것을
03	it		ⓒ	그녀에게
04	them		ⓓ	그에게
05	mine		ⓔ	우리의 것
06	ours		ⓕ	그의 것
07	yours (단수)		ⓖ	너의 것
08	yours (복수)		ⓗ	너희들의 것
09	his		ⓘ	나의 것
10	hers		ⓙ	그들의 것
11	theirs		ⓚ	그녀의 것
12	myself		ⓛ	우리 자신
13	ourselves		ⓜ	나 자신
14	yourself		ⓝ	너 자신
15	yourselves		ⓞ	그 자신
16	himself		ⓟ	너희들 자신
17	herself		ⓠ	그녀 자신
18	itself		ⓡ	그들 자신
19	themselves		ⓢ	그것 자체

연습문제 3. 빈칸 채우기

1. 국어 의미에 맞는 영어 <u>인칭대명사</u>를 쓰고, 인칭대명사와 국어 의미를 큰 소리로 읽으세요.

01 그는   He -----------------

02 그녀는 -----------------

03 그것은 -----------------

04 우리는 -----------------

05 나는 -----------------

06 너는 -----------------

07 그들은 -----------------

08 너희들은 -----------------

2. 인칭대명사에 맞는 <u>국어 의미</u>를 쓰세요.

01 I   나는 -----------------

02 You (단수) -----------------

03 He -----------------

04 She -----------------

05 It -----------------

06 We -----------------

07 You (복수) -----------------

08 They -----------------

09 my -----------------

10 our -----------------

11 your (단수) -----------------

12 your (복수) -----------------

13 his -----------------

14 her -----------------

15 its -----------------

16 their -----------------

17 me -----------------

18 us -----------------

19 you (단수) -----------------

20 you (복수) -----------------

3. 인칭대명사에 맞는 <u>국어 의미</u>를 쓰고, 큰 소리로 <u>2회씩</u> 읽으세요.

01 it   그것을/그것에게   10 myself   ----------------------

02 them   ----------------------   11 yourself   ----------------------

03 mine   ----------------------   12 himself   ----------------------

04 yours (단수) ----------------------   13 herself   ----------------------

05 his   ----------------------   14 itself   ----------------------

06 hers   ----------------------   15 ourselves   ----------------------

07 ours   ----------------------   16 yourselves ----------------------

08 yours (복수) ----------------------   17 themselves ----------------------

09 theirs   ----------------------

4. 도형 안의 빈칸 번호에 들어갈 인칭대명사(주격—소유격—목적격—소유대명사—재귀대명사)의
   적절한 형태를 답안지에 쓰세요.

문항	정답	문항	정답	문항	정답	문항	정답
(1)		(8)		(15)		(22)	
(2)		(9)		(16)		(23)	
(3)		(10)		(17)		(24)	
(4)		(11)		(18)		(25)	
(5)		(12)		(19)		(26)	
(6)		(13)		(20)		(27)	
(7)		(14)		(21)		(28)	

점수 : _____ / 28개

5. 국어 의미에 맞는 인칭대명사를 쓰고, 큰 소리로 2회씩 읽으세요.

01 나는   I ----------------------

02 너는   ----------------------

03 그는   ----------------------

04 그녀는   ----------------------

05 그것은   ----------------------

06 우리는   ----------------------

07 너희들은   ----------------------

08 그들은   ----------------------

09 나의   ----------------------

10 너의   ----------------------

11 그의   ----------------------

12 그녀의   ----------------------

13 그것의   ----------------------

14 우리의   ----------------------

15 너희들의   ----------------------

16 그들의   ----------------------

17 나에게/나를   ----------------------

18 너에게/너를   ----------------------

19 그에게/그를   ----------------------

20 그녀에게/그녀를   ----------------------

6. 국어 의미에 맞는 인칭대명사를 쓰고, 큰 소리로 2회씩 읽으세요.

01 그것을   it ----------------------

02 우리에게/우리를   ----------------------

03 너희들에게/너희들을   ----------------------

04 그들에게/그들을   ----------------------

05 나의 것   ----------------------

06 너의 것   ----------------------

07 그의 것   ----------------------

08 그녀의 것   ----------------------

09 우리의 것   ----------------------

10 너희들의 것   ----------------------

11 그들의 것   ----------------------

12 나 자신   ----------------------

13 너 자신   ----------------------

14 그 자신   ----------------------

15 그녀 자신   ----------------------

16 그것 자체   ----------------------

17 우리 자신   ----------------------

18 너희들 자신   ----------------------

19 그들 자신   ----------------------

7. 인칭대명사에 맞는 <u>국어 의미</u>를 빈칸에 써본 후, 큰 소리로 <u>1회씩</u> 읽으세요.

문항	인칭대명사	국어 의미	인칭대명사	국어 의미
01	I	나는	it	
02	You (단수)		us	
03	He		you (복수)	
04	She		them	
05	It		mine	
06	We		yours (단수)	
07	You (복수)		his	
08	They		hers	
09	my		ours	
10	your (단수)		yours (복수)	
11	his		theirs	
12	her		myself	
13	its		yourself	
14	our		himself	
15	your (복수)		herself	
16	their		itself	
17	me		ourselves	
18	you (단수)		yourselves	
19	him		themselves	
20	her			

....

교수법 인칭대명사를 보고 국어 의미를 큰 소리로 말하는 데 소요되는 시간을 측정

시 간 걸린 시간 : _____ 분 _____ 초

점 수 쓰지 못한 국어 의미 개수 : _____ / 39개

8. 빈칸에 인칭대명사의 수·인칭·격(역할)에 따른 올바른 인칭대명사 형태를 채워서 도표를 완성하세요.

인칭	수와 성		주격	소유격	목적격	소유대명사	재귀대명사
1인칭	단수		I	my	me	( )	myself
	복수		( )	( )	us	ours	( )
2인칭	단수		You	your	( )	( )	( )
	복수		You	( )	you	yours	( )
3인칭	단수	남성	He	( )	( )	( )	himself
		여성	She	( )	her	( )	( )
		중성	It	( )	( )	×	( )
	복수		They	( )	them	( )	( )
문장에서 국어 의미			~은/는, ~이/가	~의	~을/를 ~에게	~의 것	~자신/자체, ~스스로
문장 내 위치			동사 앞 주어 자리	명사 앞자리	타동사나 전치사의 목적어 자리	소유격+명사 역할 주어, 목적어, 보어 자리	타동사나 전치사의 목적어 자리

9. 빈칸에 올바른 인칭대명사 형태와 그것의 국어 의미를 채워서 도표를 완성하세요.

인칭	수와 성		주격	소유격	목적격	소유대명사	재귀대명사
1인칭	단수		I	my	( )	( )	( )
	복수		We	( )	( )	( )	( )
2인칭	단수		You	your	you	( )	( )
	복수		You	( )	( )	( )	( )
3인칭	단수	남성	He	( )	( )	( )	himself
		여성	She	( )	( )	( )	herself
		중성	It	( )	it	×	( )
	복수		They	( )	( )	theirs	( )
문장에서 국어 의미			①( )	②( )	③( )	④( )	~자신/자체, ~스스로

연습문제 **4.** 미로 찾기를 통한 인칭대명사 익히기

○ 배고픈 아기 쥐가 맛난 치즈를 먹을 수 있도록 <u>주격 → 소유격 → 목적격 → 소유대명사 → 재귀대명사</u>가 바르게 짝지어진 길을 찾아서 표시하고, 빈칸에 쓰세요.

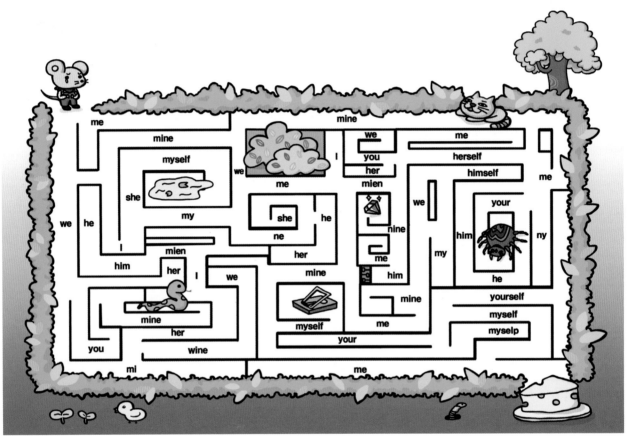

정답 ▶ p. 250

기본문제 1

주격	소유격	목적격	소유대명사	재귀대명사

응용문제

	주격	소유격	목적격	소유대명사	재귀대명사
→	You				
→	He				
→	We				

연습문제 **5.** 미로 찾기를 통한 영어 문장 연습

○ 아기 원숭이가 거친 파도를 넘어 어미 원숭이에게 무사히 가도록 올바른 문장을 완성하세요.

정답 ▶ p. 250

정답 쓰기

You --

응용문제

❶ 그는 매일 숙제를 한다.

→ --

❷ 나는 어제 숙제를 혼자 힘으로 했다. (for)

→ --

❸ 나는 저녁에 숙제를 할 것이다.

→ --

연습문제 6. 숨은 단어 찾기

○ 그림 속에서 I의 소유격 → 목적격 → 소유대명사 → 재귀대명사를 찾아 표시하고 빈칸에 쓰세요.

정답 ▶ p. 252

기본문제 1

1인칭 주격	소유격	목적격	소유대명사	재귀대명사

응용문제

	주격	소유격	목적격	소유대명사	재귀대명사
→	It				
→	They				
→	She				

연습문제 **7.** 그림에서 영단어 찾아 **작문하기**

1. 그림 속에서 영어단어를 찾아 기본문제로 주어진 국어 문장에 맞는 영어 문장을 쓰세요.

(※ 도형 테두리 힌트 : 빨강 — 주어, 파랑 — 동사, 녹색—목적어, 분홍—수식어 자리)

정답 ▶ p. 252

기본문제 1

나는 여가시간에 컴퓨터 게임을 하고 싶다. (would, in) (게임 3형식—10 선택)

4개 단어

응용문제

❶ 그는 여가시간에 음악 듣는 것을 좋아한다.

→ --

❷ 그녀는 무대 위에서 춤추는 것을 좋아하지 않는다.

→ --

❸ 나는 오후에 컴퓨터 게임을 할 것이다.

→ --

2. 그림 속에서 영어단어를 찾아 기본문제로 주어진 국어 문장에 맞는 영어 문장을 쓰세요.

(※ **도형 테두리 힌트** : 빨강 – 주어, 파랑 – 동사, 분홍 – 수식어 자리)

정답 ▶ p. 253

기본문제 2

나는 매일 학교에 걸어서 간다. (게임 1형식–3 선택)

응용문제

❶ 그녀는 매일 학교에 버스를 타고 간다.

→ --

❷ 나의 아버지는 직장에 지하철을 타고 가신다. (work, subway)

→ --

3. 그림 속에서 영어단어를 찾아 기본문제로 주어진 국어 문장에 맞는 영어 문장을 쓰세요.
　(※ 도형 테두리 힌트 : 빨강 ─ 주어, 파랑 ─ 동사, 녹색 ─ 목적어, 분홍 ─ 수식어 자리)

정답 ▶ p. 253

기본문제 3

나는 점심으로 도넛과 우유를 좋아한다. (게임 3형식─3 선택)

응용문제

❶ 그녀는 점심으로 도넛과 우유를 먹는다,

➡ --

❷ 우리는 아침으로 빵과 우유를 먹는다.

➡ --

4. 그림 속에서 영어단어를 찾아 기본문제로 주어진 국어 문장에 맞는 영어 문장을 쓰세요.

(※ 도형 테두리 힌트 : 빨강 – 주어, 파랑 – 동사, 노랑 – 보어, 분홍 – 수식어 자리)

정답 ▶ p. 253

기본문제 4

저는 나의 가족에서 맏이입니다. (게임 2형식–1 선택)

		3개 단어	3개 단어

응용문제

❶ 그는 그의 가족에서 막내입니다.

→ --

❷ 그녀는 그녀의 가족에서 장녀입니다.

→ --

5. 그림 속에서 영어단어를 찾아 기본문제로 주어진 국어 문장에 맞는 영어 문장을 쓰세요.

(※ 도형 테두리 힌트 : 빨강 ─ 주어, 파랑 ─ 동사, 노랑 ─ 보어, 분홍 ─ 수식어 자리)

정답 ▶ p. 253

기본문제 5

나의 아버지는 학생들에게 영어를 가르치느라 매우 바쁘시다. (게임 2형식-6 선택)

4개 단어

응용문제

❶ 나의 어머니는 요리하시느라 매우 바쁘시다.

➡ --

❷ 그녀는 영어공부하느라 매우 바쁘다.

➡ --

6. 그림 속에서 영어단어를 찾아 기본문제로 주어진 국어 문장에 맞는 영어 문장을 쓰세요.

(※ 도형 테두리 힌트 : 빨강 − 주어, 파랑 − 동사, 녹색 − 목적어, 분홍 − 수식어 자리)

정답 ▶ p. 253

기본문제 6

그녀는 그녀의 휴대폰으로 음악 듣는 것을 즐긴다. (게임 3형식−2 선택)

		3개 단어	4개 단어

응용문제

❶ 나는 컴퓨터 게임하는 것을 즐긴다.

➜ ....

❷ 그녀는 TV 보는 것을 좋아한다.

➜ ....

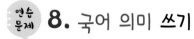 **8.** 국어 의미 쓰기

1. 국어 의미에 맞는 <u>인칭대명사</u>를 빈칸에 써본 후, 큰 소리로 <u>1회씩 읽으세요</u>.

문항	인칭대명사	국어 의미	인칭대명사	국어 의미
01	I	나는		그것을/그것에게
02		너는		우리에게/우리를
03		그는		너희들에게/너희들을
04		그녀는		그들에게/그들을
05		그것은		나의 것
06		우리는		너의 것
07		너희들은		그의 것
08		그들은/그것들은		그녀의 것
09		나의		우리의 것
10		너의		너희들의 것
11		그의		그들의 것
12		그녀의		나 자신
13		그것의		너 자신
14		우리의		그 자신
15		너희들의		그녀 자신
16		그들의		그것 자체
17		나에게/나를		우리 자신
18		너에게/너를		너희들 자신
19		그에게/그를		그들 자신
20		그녀에게/그녀를		

교수법 인칭대명사를 보고 국어 의미를 큰 소리로 말하는 데 소요되는 시간을 측정

시 간 걸린 시간 : _____분 _____초

점 수 쓰지 못한 인칭대명사 개수 : _____ / 38개

2. 빈칸에 올바른 인칭대명사 형태를 채워서 도표를 완성하세요.

인칭	수와 성		주격	소유격	목적격	소유대명사	재귀대명사
1인칭	단수형		I	my	me	( )	myself
	복수형		( )	( )	us	ours	( )
2인칭	단수형		You	your	( )	( )	( )
	복수형		You	( )	you	yours	( )
3인칭	단수형	남성	He	( )	( )	( )	himself
		여성	She	( )	her	( )	( )
		중성	It	( )	( )	×	( )
	복수형		They	( )	them	( )	( )
문장에서 국어 의미			~은/는, ~이/가	~의	~을/를 ~에게	~의 것	~자신/자체, ~스스로

3. 빈칸에 올바른 인칭대명사 형태와 그것의 국어 의미를 채워서 도표를 완성하세요.

인칭	수와 성		주격	소유격	목적격	소유대명사	재귀대명사
1인칭	단수형		I	my	( )	( )	( )
	복수형		We	( )	( )	( )	( )
2인칭	단수형		You	your	you	( )	( )
	복수형		You	( )	( )	( )	( )
3인칭	단수형	남성	He	( )	( )	( )	himself
		여성	She	( )	( )	( )	herself
		중성	It	( )	it	×	( )
	복수형		They	( )	( )	theirs	( )
문장에서 국어 의미			①( )	②( )	③( )	④( )	~자신/자체, ~스스로

연습문제 **9.** 빈칸 채우기

1. 국어 문장에 맞도록 적절한 단어로 빈칸을 채워 문장을 완성하세요.

01 _____ invited _____ on _____ birthday.
나는 내 생일에 그녀를 초대했어.

02 You have to do _____ homework for _____.
너는 숙제를 너 스스로(혼자 힘으로) 해야만 돼.

03 He lent _____ _____ nice bicycle.
그는 나에게 그의 멋진 자전거를 빌려주었어.

04 _____ met _____ yesterday.
그녀는 어제 그들을 만났어.

05 _____ is _____ from now.
그것은 지금부터 너의 것이야.

06 _____ saw _____ sons last night.
우리는 지난밤에 그들의 아들들을 보았어.

07 _____ should be proud of _____.
너희들은 자기 자신에 대해 자부심을 가져야만 돼.

08 _____ played soccer with _____ last Sunday.
그들은 지난 일요일에 우리와 축구를 했어.

점수 맞은 문항 수 : _____ / 8개

2. 국어 문장에 맞도록 영어 문장을 쓰세요.

01 나는 내 생일에 그녀를 초대했어.

→ _____

02 너는 숙제를 너 스스로 해야만 돼.

→ _____

03 그는 나에게 그의 멋진 자전거를 빌려주었어.

→ _____

04 그녀는 어제 그들을 만났어.

→ _____

05 그것은 지금부터 네 것이야.

→ _____

06 우리는 지난밤에 그들의 아들들을 보았어.

→ _____

07 여러분은 자기 자신에 대해 자부심을 가져야만 돼.

→ _____

08 그들은 지난 일요일에 우리와 축구를 했어.

→ _____

연습문제 10. Crossword Puzzle

○ 올바른 영어 문장이 될 수 있도록 가로세로 퍼즐 빈칸에 들어갈 단어를 <u>보기에서 찾아서 쓰세요</u>.

● **Gilmeg Puzzle 1**

4개 문장 완성

				It	
I		invite	her	on	my	birthday
			on		book	
	once	Sundays			
	a				
	year				

보기

They / He / meets / me / invite / will / is

점수 : _____ / 7개

응용문제

❶ 그것은 지금부터 나의 것이다. (from, now)

➜ _____

❷ 그는 그의 숙제를 그 스스로 한다. (for, homework)

➜ _____

• Gilmeg Puzzle 2

5개 문장 완성

			I			yours	
	have	to		your	homework	by	
						yesterday	
		his	duty	by			
It			by	tomorrow			

보기

You / mine / He / does / myself / is /
do / were / himself / These / my / yourself

점수 : _____ / 12개

응용문제

❶ 나는 오전에 그녀를 만났다. (the, in, morning)

→ --

❷ 그는 그의 생일날에 그녀를 초대할 것이다. (birthday, invite)

→ --

5개 문장 완성

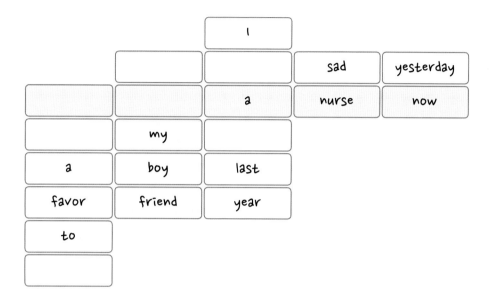

보기

She / We / He / was / does / is /

us / student

점수 : _____ / 8개

응용문제

❶ 그녀는 나의 여자 친구이다.

→ --

❷ 그들은 어제 행복했디. (yesterday)

→ --

• Gilmeg Puzzle 4

5개 문장 완성

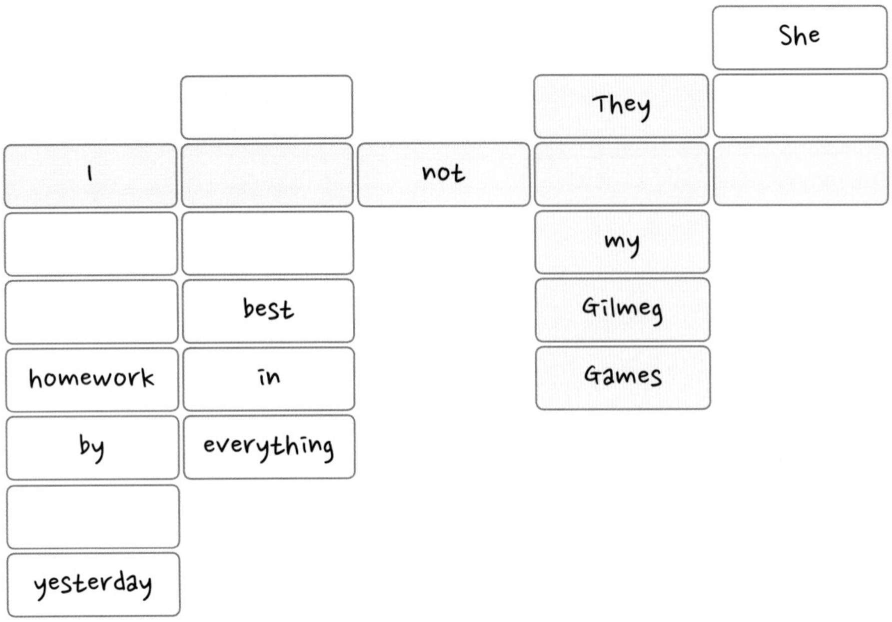

She
They
I
not
my
best
Gilmeg
homework
in
Games
by
everything
yesterday

보기

my / We / likes / have / do / did / like
our / him / myself

점수 : _____ / 10개

응용문제

❶ 그녀는 그녀의 숙제를 아주 잘 하고 있다. (well, very)

→ --

❷ 그는 그의 의무를 수행하는 것을 좋아하지 않는다. (duty)

→ --

Unit 6

실전 종합문제

"책에 나오는 영어 문장을 교구나 게임으로도 재미있게 학습할 수 있어 학습효과가 좋다!"

gilmeg 영어문장 유형 익히기

gilmeg 작문 및 번역 익히기

gilmeg 그림에서 영단어 찾아 명작문 익히기

gilmeg 특허받은 영문법카드 게임

길맥영문법에 나오는 영어 문장을 게임을 하면서 재미있게 습득!

게임 이용 방법

• 스마트폰용 게임 : Play Store 또는 One Store에서 "길에듀월드"로 검색하여 앱을 다운로드.
• 컴퓨터용 게임 : 길에듀월드 홈페이지(www.puzzlish.net) 접속하여 이용.

1. 마법주문 체험하기

1. 올바른 문장이 될 수 있도록 알맞은 do, be, have동사를 〈보기〉에서 골라 쓰세요.

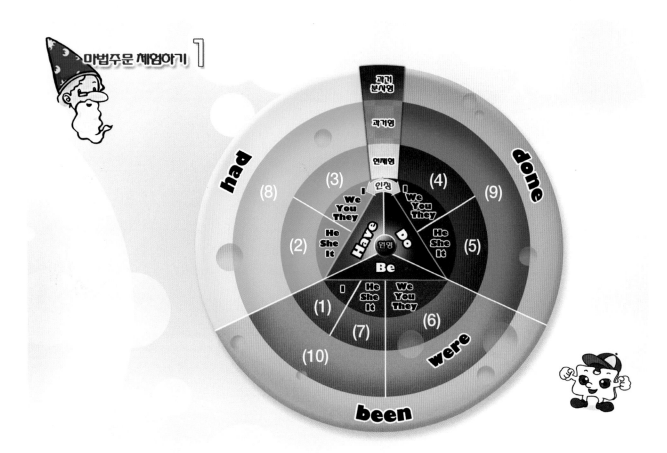

보기

am / is / are / was / were / been / have / has / had / do / does / did / done

문항	정 답	문항	정 답	문항	정 답
(1)		(5)		(9)	
(2)		(6)		(10)	
(3)		(7)			
(4)		(8)			

2. 올바른 문장이 될 수 있도록 알맞은 do동사를 〈보기〉에서 골라 쓰세요.

보기

do / does / did / done

문항	정 답	문항	정 답	문항	정 답
(1)		(3)		(5)	
(2)		(4)		(6)	

3. 올바른 문장이 될 수 있도록 숫자와 알파벳을 <u>선으로 연결</u>하세요.

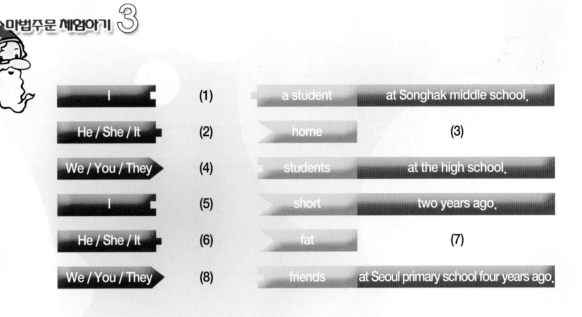

마법주문 체험하기 ③

I	(1)	a student / at Songhak middle school.
He / She / It	(2)	home / (3)
We / You / They	(4)	students / at the high school.
I	(5)	short / two years ago.
He / She / It	(6)	fat / (7)
We / You / They	(8)	friends / at Seoul primary school four years ago.

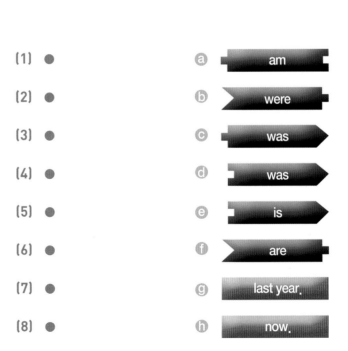

(1) ●　　　　　ⓐ am

(2) ●　　　　　ⓑ were

(3) ●　　　　　ⓒ was

(4) ●　　　　　ⓓ was

(5) ●　　　　　ⓔ is

(6) ●　　　　　ⓕ are

(7) ●　　　　　ⓖ last year.

(8) ●　　　　　ⓗ now.

4. 올바른 문장이 될 수 있도록 〈보기〉에서 알맞은 단어를 골라 쓰세요.

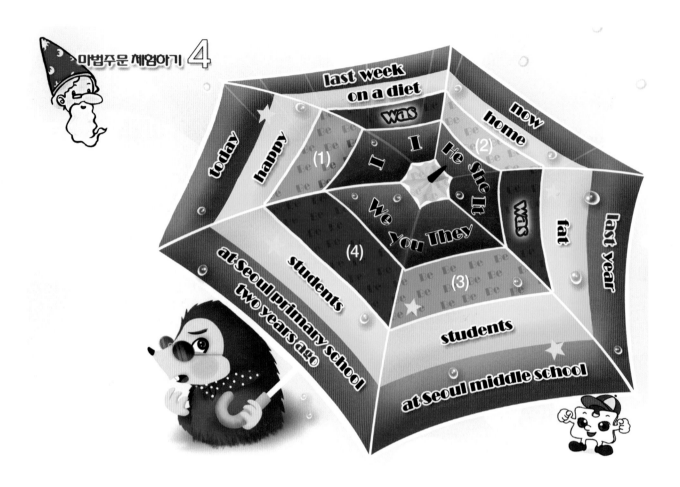

> **보기**
>
> am / is / are / was / were / been

문항	정 답	문항	정 답
(1)		(3)	
(2)		(4)	

5. 올바른 문장이 될 수 있도록 〈보기〉에서 알맞은 단어를 골라 쓰세요.

마법주문 체험하기 5

I	(1)	a nice Nintendo	at my home.
He / She / It	(2)	a sweet voice	as a bird.
We / You / They	(3)	a little time	to meet a great poet.

I	(4)	a pet dog	two years ago.
He / She / It	(5)	a house	last month.
We / You / They	had	some money	to buy dolls.

I	(6)	a new bicycle	after two months.
He / She / It	will ___(7)___	some food	in a little while.
We / You / They	will have	a duty	to care for the poor.

I	am ___(8)___	breakfast	at my home.
He / She / It	(9)	a rope	in his (her / its) hands.
We / You / They	are ___(10)___	lunch	without side dishes.

보기

having / have / is having / has / had / will have

문항	정답	문항	정답	문항	정답
(1)		(5)		(9)	
(2)		(6)		(10)	
(3)		(7)			
(4)		(8)			

6. 올바른 문장이 될 수 있도록 〈보기〉에서 알맞은 단어를 골라 쓰세요.

보기

she / its / my / them / yours / mine / him / her / us / your / our / hers

문항	정 답	문항	정 답	문항	정 답
(1)		(6)		(11)	
(2)		(7)		(12)	
(3)		(8)		(13)	
(4)		(9)			
(5)		(10)			

2. 빈칸 채워서 문장 완성하기

1. 〈보기〉에서 알맞은 것을 골라 문장을 완성하세요.

> **보기** have / has / had / will have / am having / are having / is having

01 I _____ a nice watch at my home.   나는 집에 멋진 시계가 있어요.

02 She _____ a sweet voice as a bird.   그녀는 새처럼 예쁜 목소리를 갖고 있어요.

03 We _____ a little time to meet a great poet.   우리는 훌륭한 시인을 만날 시간이 좀 있어요.

04 I _____ a pet dog two years ago.   나는 2년 전에 애완견이 있었어요.

05 He _____ a house last month.   그는 지난달에 집을 가졌어요.

06 They _____ some money to buy a book yesterday.

그들은 어제 책을 살 약간의 돈이 있었어요.

07 I _____ a new bicycle after two months.   나는 2개월 후에 새 자전거를 갖게 될 거예요.

08 He _____ some food in a little while.   그는 잠시 후에 음식을 좀 먹게 될 거예요.

09 We _____ a duty to care for the poor from now.

우리는 이제부터 가난한 사람을 돌볼 의무를 갖게 될 거예요.

10 I _____ breakfast at my home.   나는 집에서 아침을 먹고 있어요.

11 He _____ a rope in his hands.   그는 그의 손에 밧줄을 잡고 있어요.

12 We _____ lunch without side dishes.   우리는 반찬 없이 점심을 먹고 있어요.

2. 밑줄 친 부분에 be동사, do동사, have동사를 채워 문장을 완성하세요.

01 나는 지금 즐거워요.

I _____ pleased now.

02 그는 똑똑한 학생이에요.

He _____ a smart student.

03 우리는 모든 일에 최선을 다하고 있어요.

We _____ our best in everything.

04 엄마는 일요일마다 마트에서 장을 봐요.

My mother _____ grocery shopping at a mart on Sundays.

05 나는 내 의무를 매우 잘 실행하고 있어요.

I _____ my duty very well.

06 그것은 지금 나에게 이익이 돼요.

It _____ good to me now.

07 그녀는 어제 숙제를 했어요.

She _____ her homework yesterday.

08 존은 안나를 좋아하니?

_____ John like Anna?

09 너는 어제 존을 만났니?

_____ you meet John yesterday?

10 그녀는 예쁜 인형을 갖고 있어요.

She _____ a pretty doll.

11 나는 예쁜 인형을 갖고 있어요.

I _____ a pretty doll.

12 그들은 예쁜 인형을 갖고 있어요.

They _____ a pretty doll.

3. 틀린 부분 고치기

1. 다음 문장 중에 밑줄 친 부분을 바르게 고쳐보세요.

01 나는 지금 즐거워요.   I <u>are</u> pleased now.

----

02 그는 똑똑한 학생이에요.   He <u>am</u> a smart student.

----

03 우리는 모든 일에 최선을 다하고 있어요.   We <u>does</u> our best in everything.

----

04 엄마는 일요일마다 마트에서 장을 봐요.   My mother <u>do</u> shopping at a mart on Sundays.

----

05 나는 내 의무를 매우 잘 실행하고 있어요.   I do <u>mine</u> duty very well.

----

06 그것은 지금 나에게 이익이 돼요.   It does good to <u>my</u> now.

----

07 그녀는 어제 숙제를 했어요.   She <u>do</u> her homework yesterday.

----

08 존은 안나를 좋아하나요?   <u>Do</u> John like Anna?

----

09 당신은 어제 존을 만났나요?   <u>Do</u> you meet John yesterday?

----

10 그녀는 예쁜 인형을 갖고 있어요.   She <u>have</u> a pretty doll.

----

11 나는 좋은 컴퓨터를 갖고 있어요.   I <u>has</u> a nice computer.

----

12 그들은 좋은 친구가 있어요.   They <u>has</u> a good friend.

----

2. 올바른 문장이 되도록 밑줄 친 have동사를 바르게 고쳐보세요.

01 I <u>has</u> a nice watch at my home.   ----------------
나는 집에 멋진 시계가 있어요.

02 She <u>have</u> a sweet voice as a bird.   ----------------
그녀는 새처럼 예쁜 목소리를 갖고 있어요.

03 We <u>has</u> a little time to meet a great poet.   ----------------
우리는 훌륭한 시인을 만날 시간이 좀 있어요.

04 I <u>have</u> a pet dog two years ago.   ----------------
나는 2년 전에 애완견이 있었어요.

05 He <u>has</u> a house last month.   ----------------
그는 지난달에 집을 가졌어요.

06 They <u>have</u> some money to buy a book yesterday.   ----------------
그들은 어제 책을 살 약간의 돈이 있었어요.

07 I <u>will has</u> a new bicycle after two months.   ----------------
나는 2개월 후에 새 자전거를 갖게 될 거예요.

08 He <u>will has</u> some food in a little while.   ----------------
그는 잠시 후에 음식을 좀 먹게 될 거예요.

09 We <u>will has</u> a duty to care for the poor from now.   ----------------
우리는 이제부터 가난한 사람을 돌볼 의무를 갖게 될 거예요.

10 I <u>am have</u> breakfast at my home.   ----------------
나는 집에서 아침을 먹고 있어요.

11 He <u>is have</u> a rope in his hands.   ----------------
그는 그의 손에 밧줄을 잡고 있어요.

12 We <u>are have</u> lunch without side dishes.   ----------------
우리는 반찬 없이 점심을 먹고 있어요.

3. 다음 문장 중에 밑줄 친 부분을 국어의미에 맞추어 바르게 고쳐보세요.

01 He will becomes a singer in the future. will become   그는 미래에 가수가 될 것이다.

02 I reading an interesting book now.   ----------------   나는 지금 흥미있는 책을 읽고 있는 중이다.

03 I invited him tomorrow.   ----------------   나는 내일 그를 초대할 것이다.

04 Does she has an umbrella now?   ----------------   그녀는 지금 우산을 갖고 있나요?

05 She wanting to lose weight.   ----------------   그녀는 체중 줄이기를 원해.

06 I have just finishing my homework.   ----------------   나는 숙제를 막 끝마쳤어.

07 John is not played games now.   ----------------   존은 지금 게임을 하고 있지 않아.

08 The earth go around the sun.   ----------------   지구는 태양 주위를 돈다.

09 I hasn't mailed the letter yet.   ----------------   나는 아직 그 편지를 발송하지 않았다.

10 He studying English last night.   ----------------   그는 어젯밤에 영어공부를 하고 있는 중이었다.

11 Anna have been here from May to July, but she was in Seoul yesterday.   ----------------
         안나는 5월부터 7월까지는 여기에 머물러 왔었지만, 어제는 서울에 있었다.

12 Does you like Anna?   ----------------   당신은 안나를 좋아하나요?

13 Do John meet his girl friend?   ----------------   존은 그의 여자 친구를 만나고 있나요?

14 He have a pretty doll.   ----------------   그는 예쁜 인형을 갖고 있어요.

15 They has a nice computer.   ----------------   그들은 좋은 컴퓨터를 갖고 있어요.

16 We has good friends.   ----------------   우리는 좋은 친구가 있어요.

17 She does herself homework very well.   ----------------   그녀는 그녀의 숙제를 매우 잘 실행하고 있어요.

18 They does good to me now.   ----------------   그것들은 지금 나에게 이익이 돼요.

19 She do her duty yesterday.   ----------------   그녀는 어제 그녀의 숙제를 했어요.

20 Does John like my?   ----------------   존이 나를 좋아하나요?

교수법 영어 문장의 밑줄 친 부분을 고쳐 쓰게 한 후, 올바른 영어 문장을 큰 소리로 2회 연속하여 읽게 하기

시 간 걸린 시간 : _____분 _____초

점 수 맞은 문항 수 : _____ / 20개

종합문제 **4. 선으로 연결하기**

1. 인칭대명사에 맞는 국어 의미를 <u>선으로 연결</u>하고, 국어 의미를 큰 소리로 읽으세요.

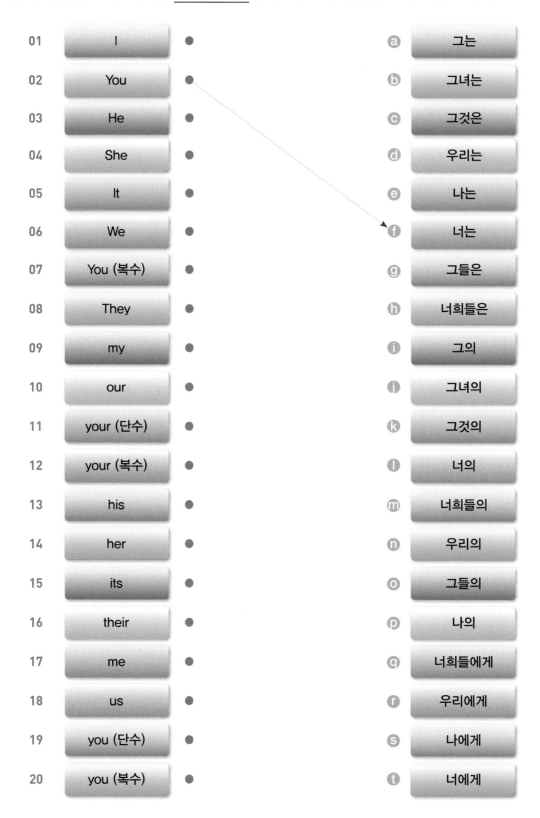

01	I		ⓐ	그는
02	You		ⓑ	그녀는
03	He		ⓒ	그것은
04	She		ⓓ	우리는
05	It		ⓔ	나는
06	We		ⓕ	너는
07	You (복수)		ⓖ	그들은
08	They		ⓗ	너희들은
09	my		ⓘ	그의
10	our		ⓙ	그녀의
11	your (단수)		ⓚ	그것의
12	your (복수)		ⓛ	너의
13	his		ⓜ	너희들의
14	her		ⓝ	우리의
15	its		ⓞ	그들의
16	their		ⓟ	나의
17	me		ⓠ	너희들에게
18	us		ⓡ	우리에게
19	you (단수)		ⓢ	나에게
20	you (복수)		ⓣ	너에게

2. 인칭대명사에 맞는 국어 의미를 <u>선으로 연결</u>하고, 국어 의미를 큰 소리로 읽으세요.

01	him	●	ⓐ	그들에게
02	her	●	ⓑ	그것을
03	it	●	ⓒ	그녀에게
04	them	●	ⓓ	그에게
05	mine	●	ⓔ	우리의 것
06	ours	●	ⓕ	그의 것
07	yours (단수)	●	ⓖ	너의 것
08	yours (복수)	●	ⓗ	너희들의 것
09	his	●	ⓘ	나의 것
10	hers	●	ⓙ	그들의 것
11	theirs	●	ⓚ	그녀의 것
12	myself	●	ⓛ	우리 자신
13	ourselves	●	ⓜ	나 자신
14	yourself	●	ⓝ	너 자신
15	yourselves	●	ⓞ	그 자신
16	himself	●	ⓟ	너희들 자신
17	herself	●	ⓠ	그녀 자신
18	itself	●	ⓡ	그들 자신
19	themselves	●	ⓢ	그것 자체

종합문제 5. 국어 의미 쓰기

1. 인칭대명사를 큰 소리로 읽고, 국어 의미를 말해본 후, 빈칸에 쓰세요.

01 I   --------------------

02 You   --------------------

03 He   --------------------

04 She   --------------------

05 It   --------------------

06 We   --------------------

07 You (복수)   --------------------

08 They   --------------------

09 my   --------------------

10 our   --------------------

11 your (단수)   --------------------

12 your (복수)   --------------------

13 his   --------------------

14 her   --------------------

15 its   --------------------

16 their   --------------------

17 me   --------------------

18 us   --------------------

19 you (단수)   --------------------

2. 인칭대명사를 큰 소리로 읽고, 국어 의미를 말해본 후, 빈칸에 쓰세요.

01 it   --------------------

02 us   --------------------

03 you (복수)   --------------------

04 them   --------------------

05 mine   --------------------

06 yours (단수)   --------------------

07 his   --------------------

08 hers   --------------------

09 ours   --------------------

10 yours (복수)   --------------------

11 theirs   --------------------

12 myself   --------------------

13 yourself   --------------------

14 himself   --------------------

15 herself   --------------------

16 itself   --------------------

17 ourselves   --------------------

18 yourselves   --------------------

19 themselves   --------------------

6. 인칭대명사 쓰기

1. 국어 의미에 맞는 인칭대명사를 큰 소리로 말해본 후, 빈칸에 쓰세요.

01 나는　　　　------------------------

02 너는　　　　------------------------

03 그는　　　　------------------------

04 그녀는　　　------------------------

05 그것은　　　------------------------

06 우리는　　　------------------------

07 너희들은　　------------------------

08 그들은　　　------------------------

09 나의　　　　------------------------

10 너의　　　　------------------------

11 그의　　　　------------------------

12 그녀의　　　------------------------

13 그것의　　　------------------------

14 우리의　　　------------------------

15 너희들의　　------------------------

16 그들의　　　------------------------

17 나에게　　　------------------------

18 너에게　　　------------------------

19 그에게　　　------------------------

20 그녀에게　　------------------------

2. 국어 의미에 맞는 인칭대명사를 큰 소리로 말해본 후, 빈칸에 쓰세요.

01 그것을　　　------------------------

02 우리에게　　------------------------

03 너희들에게　------------------------

04 그들에게　　------------------------

05 나의 것　　　------------------------

06 너의 것　　　------------------------

07 그의 것　　　------------------------

08 그녀의 것　　------------------------

09 우리의 것　　------------------------

10 너희들의 것　------------------------

11 그들의 것　　------------------------

12 나 자신　　　------------------------

13 너 자신　　　------------------------

14 그 자신　　　------------------------

15 그녀 자신　　------------------------

16 그것 자체　　------------------------

17 우리 자신　　------------------------

18 너희들 자신　------------------------

19 그들 자신　　------------------------

종합문제 **7.** 부정문 만들기

1. 주어진 문장을 부정문으로 바꿔보세요.

01 I am very happy.
나는 그다지 행복하지 않아요. ➔ _____

02 He is a teacher.
그는 선생님이 아니에요. ➔ _____

03 They are my friends.
그들은 내 친구가 아니에요. ➔ _____

04 I have a nice bicycle.
나는 좋은 자전거를 갖고 있지 않아요. ➔ _____

05 She had a good time yesterday.
그녀는 어제 좋은 시간을 갖지 않았어요. ➔ _____

06 I had breakfast today.
나는 오늘 아침을 먹지 않았어요. ➔ _____

07 I met them last night.
나는 어제 그들을 만나지 않았어요. ➔ _____

08 He likes her.
그는 그녀를 좋아하지 않아요. ➔ _____

09 I liked him.
나는 그를 좋아하지 않았어요. ➔ _____

10 I invited them on my birthday.
나는 생일에 그들을 초대하지 않았어요. ➔ _____

2. 밑줄 친 부분에 알맞은 단어를 넣어 문장을 완성하고, 그 문장을 부정문으로 바꾸세요.

01 나는 어제 숙제를 했어요.   I <u>did</u> my homework yesterday.

　　나는 어제 숙제를 하지 않았어요. → _____

02 그는 어젯밤에 숙제를 했어요.   He _____ his homework last night.

　　그는 어젯밤에 숙제를 하지 않았어요. → _____

03 우리는 지난주에 좋은 시간을 가졌어요.   We _____ a good time last week.

　　우리는 지난주에 좋은 시간을 갖지 않았어요. → _____

04 그녀는 우리를 좋아했어요.   She _____ us.

　　그녀는 우리를 좋아하지 않았어요. → _____

05 그는 그의 생일에 아주 바빴어요.   He _____ very busy on his birthday.

　　그는 그의 생일에 그다지 바쁘지 않았어요. → _____

06 그들은 선생님이었어요.   They _____ teachers.

　　그들은 선생님이 아니었어요. → _____

07 우리는 학생이었어요.   We _____ students.

　　우리는 학생이 아니었어요. → _____

08 그들은 오늘 아침을 먹었어요.   They _____ breakfast today.

　　그들은 오늘 아침을 먹지 않았어요. → _____

09 그는 어제 그녀를 만났어요.   He _____ her yesterday.

　　그는 어제 그녀를 만나지 않았어요. → _____

10 나는 어제 그들을 초대했어요.   I _____ them yesterday.

　　나는 어제 그들을 초대하지 않았어요. → _____

11 우리는 그녀를 좋아했어요.   We _____ her.

　　우리는 그녀를 좋아하지 않았어요. → _____

12 그들은 어젯밤에 행복했어요.   They _____ happy last night.

　　그들은 어젯밤에 행복하지 않았어요. → _____

13 그는 할 일을 아주 잘 해요.   He <u>does</u> his duty very well.

　　그는 할 일을 그다지 잘 하지 않아요. → _____

종합문제 8. 의문문 만들기

1. 주어진 문장을 의문문으로 바꾸세요.

01 He is very happy.
그는 아주 행복한가요? → _____

02 She is a teacher.
그녀는 선생님이에요? → _____

03 They are your friends.
그들은 당신의 친구예요? → _____

04 I have a nice bicycle.
당신은 좋은 자전거를 갖고 있나요? → _____

05 She had a good time yesterday.
그녀는 어제 좋은 시간을 가졌나요? → _____

06 I had breakfast today.
당신은 오늘 아침을 먹었나요? → _____

07 I met them last night.
당신은 어제 그들을 만났나요? → _____

08 He likes her.
그는 그녀를 좋아하나요? → _____

09 I liked him.
당신은 그를 좋아하나요? → _____

10 I invited them on my birthday.
당신은 생일에 그들을 초대했나요? → _____

2. 밑줄 친 부분에 알맞은 단어를 넣어 문장을 완성하고, 그 문장을 의문문으로 바꾸세요.

01 그는 아주 행복해요.   He _____ very happy.

그는 아주 행복한가요? ➔ --

02 그녀는 선생님이에요.   She _____ a teacher.

그녀는 선생님이에요? ➔ --

03 그들은 당신의 친구예요.   They _____ your friends.

그들은 당신의 친구예요? ➔ ---

04 나는 좋은 자전거를 갖고 있어요.   I _____ a nice bicycle.

당신은 좋은 자전거를 갖고 있나요? ➔ --

05 그녀는 어제 좋은 시간을 가졌어요.   She _____ a good time yesterday.

그녀는 어제 좋은 시간을 가졌나요? ➔ --

06 나는 오늘 아침을 먹었어요.   I _____ breakfast today.

당신은 오늘 아침을 먹었나요? ➔ --

07 나는 어제 그들을 만났어요.   I _____ last night.

당신은 어제 그들을 만났나요? ➔ --

08 그는 그녀를 좋아해요.   He _____.

그는 그녀를 좋아하나요? ➔ ---

09 나는 그를 좋아했어요.   I _____.

당신은 그를 좋아했나요? ➔ ---

10 나는 생일에 그들을 초대했어요.   I _____ on my birthday.

당신은 생일에 그들을 초대했나요? ➔ ---

11 그들은 어제 숙제를 했어요.

They _____ their _____ yesterday.

그들은 어제 숙제를 했어요? ➡ ---

12 그는 할 일을 아주 잘 해요.

He _____ his duty very well.

그는 할 일을 아주 잘 하나요? ➡ ---

13 나의 어머니는 수영하는 것을 좋아하세요.

My mother _____.

당신의 어머니는 수영하는 것을 좋아하시나요? ➡ ---

14 나의 부모님은 교회에 다니세요.

My parents _____ to church.

당신의 부모님은 교회에 다니시나요? ➡ ---

15 내 동생은 지난밤에 그녀를 만났어요.

My brother _____ yesterday.

당신의 동생은 지난밤에 그녀를 만났나요? ➡ ---

16 Judy는 요리하는 것을 매우 좋아해요.

Judy _____ so much.

Judy는 요리하는 것을 매우 좋아하나요? ➡ ---

9. Crossword Puzzle로 문장 익히기

O 올바른 영어 문장이 될 수 있도록 가로세로 퍼즐 빈칸에 들어갈 단어를 <u>보기에서</u> 찾아서 쓰세요.

● **Gilmeg Puzzle 1**

4개 문장 완성

He | | his | duty | every day

met

| | | | on | | birthday

yesterday

보기

I / invite / He / her / met / her / does
This / is / homework / my

점수 : _____ / 10개

응용문제

❶ 나는 그를 매일 만난다.

→ _____

❷ 나는 어제 내 생일에 그녀를 초대했다.

→ _____

4개 문장 완성

		She		something	
		home			
	a				
	girl				

보기

We / has / He / to do / are / is / now / good

점수 : _____ / 8개

응용문제

❶ 나는 어제 집에 있었다.

➜ --

❷ 그들은 지금 행복하다.

➜ --

4개 문장 완성

we | | | to |

my | | last

| | his | | every day |

well

보기

I / She / He / does / do / met / duty

a favor / very / them / night

점수 : _____ / 11개

응용문제

❶ 나는 어제 나의 임무를 수행했다.

➔ --

❷ 그녀는 지난밤에 나에게 호의를 베풀었다.

➔ --

4개 문장 완성

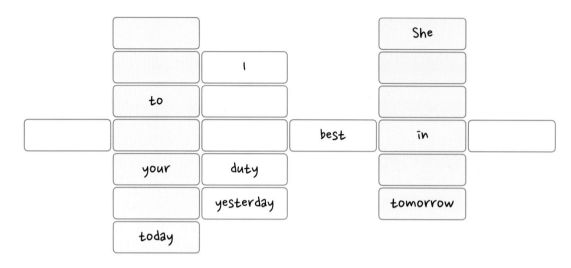

보기

I / You / He / have / do / did / Seoul
will / be / everything / my / homework

점수 : _____ / 11개

응용문제

❶ 나는 지금 나의 숙제를 해야만 한다.

→ --

❷ 그녀는 그녀의 임무를 잘 수행했다.

→ --

4개 문장 완성

	She			a singer	next	
				now		
		home		Sunday		

보기

I / He / her / was / at / last / will
be / month / is / sad

점수 : _____ / 11개

응용문제

❶ 나는 어제 나의 집에서 TV를 보고 있는 중이었다.

→ --

❷ 오늘은 매우 덥다.

→ --

4개 문장 완성

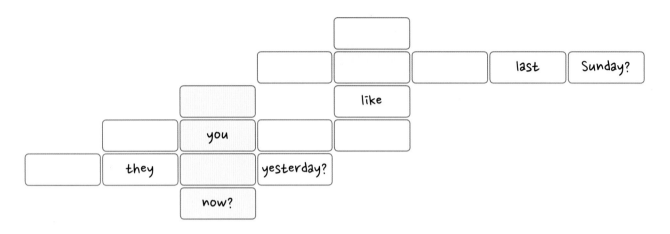

보기

| Do | / | she | / | Does | / | dance | / | Are | / | Were |
| me? | / | Did | / | happy | / | like |

점수 : _____ / 10개

응용문제

❶ 그들은 지금 그를 좋아하나요?

→ --

❷ 그는 어제 무대 위에서 춤을 추었나요? (stage, on, the)

→ --

6개 문장 완성

			not	cold
	He			

		not	a doctor	now
	not			
not	honest	lunch		
		yesterday		
dancing				

보기

She / It / We / does / are / eat /
did / meat / like / is

점수 : _____ / 10개

응용문제

❶ 그는 노래 부르는 것을 좋아하지 않는다.

→ ---

❷ 나는 오늘 아침에 아침을 먹지 못했어요. (morning, this)

→ ---

10. 시제 익히기

1. 시제의 종류(숫자)-형태(알파벳)-개념(한글)을 보기에서 순서대로 찾아서 기호를 쓰세요.

● 선택 보기(종류-형태-개념)

시제 종류		형태		개념
1	현재시제	a	• 조동사(will) + V • be going to + V	가	지금 이전의 동작이나 행위, 상황 등을 언제 생겼느냐에 초점을 두고 표현
2	과거시제	b	be동사의 현재형 + V ~ing (am/is/are)	나	현재 이후에 발생할 동작, 행위, 상황 등을 표현
3	과거진행시제	c	V(동사원형) ※ 주어가 3인칭 단수인 경우 V + (e)s	다	지금 일어나고 있는 어떤 동작이나 행위, 상황, 현재의 습관, 불변의 진리 등을 표현
4	미래진행시제	d	• 규칙동사 : V + ed • 불규칙동사	라	과거의 특정한 순간에 일어나고 있던 일에 대해 표현
5	미래시제	e	be동사의 과거형 + V ~ing (was/were)	마	미래의 어떤 특정한 순간에 어떤 행동이 진행 중이라는 것을 표현
6	현재진행시제	f	조동사 + be + V ~ing (will/shall)	바	말하는 순간에 이미 계속되고 있는 동작 및 상태에 대해 표현
7	현재완료	g	had + 과거분사형	사	과거의 어느 시점부터 현재까지 기간에 걸쳐 발생한 일
8	과거완료	h	조동사(will, shall) + have + 과거분사형	아	과거 또는 현재부터 시작하여 미래의 정해진 어느 시점까지 발생한 일
9	미래완료	i	have/has + 과거분사형	자	과거의 어느 시점, 그 이전의 과거(먼 과거)로부터 현재 이전의 과거 기간까지 발생했던 일

문제 1단계

01 [1] — [c] — [다]   02 [6] — [   ] — [   ]   03 [4] — [   ] — [   ]

04 [   ] — [e] — [   ]   05 [   ] — [a] — [   ]   06 [2] — [   ] — [   ]

07 [   ] — [h] — [   ]   08 [7] — [   ] — [   ]   09 [   ] — [   ] — [자]

2. 시제의 종류(숫자)─형태(알파벳)─의미(한글)를 보기에서 순서대로 찾아서 기호를 쓰세요.

- 선택 보기(종류-형태-의미)

시제 종류		형태		국어 의미
1	과거시제	a	조동사 + be + V ~ing	가	~한다.
2	과거진행시제	b	• 조동사(will) + V • be going to + V	나	~하고 있을 것이다.
3	미래진행시제	c	am/is/are + V ~ing	다	~할 것이다.
4	미래시제	d	V(동사원형) V + (e)s	라	~하고 있는 중이다.
5	현재진행시제	e	• 규칙동사 : V + ed • 불규칙동사	마	~하고 있는 중이었다.
6	현재시제	f	was/were + V ~ing	바	~했다.
7	현재완료	g	had + 과거분사형	사	(과거부터) ~해 오고 있다.
8	과거완료	h	조동사(will, shall) + have + 과거분사형	아	(미래 어느 시점에) ~하게 될 것이다.
9	미래완료	i	have/has + 과거분사형	자	(과거에) ~해 왔었다.

문제 2단계

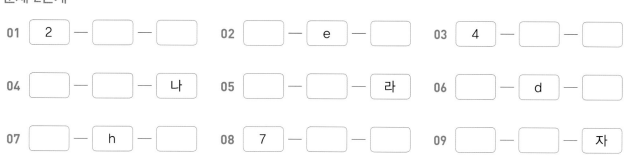

01 [2] — [ ] — [ ]   02 [ ] — [e] — [ ]   03 [4] — [ ] — [ ]

04 [ ] — [ ] — [나]   05 [ ] — [ ] — [라]   06 [ ] — [d] — [ ]

07 [ ] — [h] — [ ]   08 [7] — [ ] — [ ]   09 [ ] — [ ] — [자]

종합문제 11. 빈칸에 적합한 것 보기에서 선택하기

1. 다음 빈칸에 들어갈 <u>가장 알맞은 것</u>을 고르세요.

01 I _____ my English class at 5 o'clock.

① has   ② have   ③ go   ④ doesn't have   ⑤ am had

02 We _____ after soccer practice.

① get tired   ② gets tired   ③ have   ④ has   ⑤ is tired

03 Mr. Lee _____ English in high school.

① teach   ② teaches   ③ don't teach   ④ want to teach   ⑤ have

04 I _____ to Hong Kong next week.

① have   ② don't have   ③ goes   ④ doesn't go   ⑤ have to go

05 John _____ in a hospital.

① works   ② don't work   ③ are   ④ have   ⑤ has

06 I _____ a book now.

① reads   ② am read   ③ am reading   ④ is read   ⑤ reading

07 He _____ English last night.

① is study   ② is studying   ③ study   ④ am studying   ⑤ was studying

08 We _____ a soccer game on TV at seven o'clock.

① will watching   ② will are watching   ③ will be watching   ④ watches

⑤ are watched

2. 다음 빈칸에 들어갈 수 없는 것을 고르세요.

01 They _____ English.

① speak   ② don't speak   ③ do not speak   ④ learn   ⑤ has

02 He _____ his tennis racket.

① likes   ② doesn't like   ③ uses   ④ doesn't use   ⑤ like

03 Jenny _____ hamburgers.

① likes   ② doesn't like   ③ has   ④ have   ⑤ does not have

04 We _____ salad and sandwich for lunch.

① has   ② have   ③ don't have   ④ like to eat   ⑤ don't want

05 My brother _____ a baseball glove.

① has   ② have   ③ doesn't have   ④ needs   ⑤ wants

06 I _____ some pies.

① want   ② wanted   ③ had   ④ needed   ⑤ didn't wanted

07 He _____ the piano.

① plays   ② played   ③ didn't play   ④ did played   ⑤ does not play

08 They _____ their duty very well.

① do   ② didn't do   ③ don't do   ④ have to do   ⑤ doesn't do

09 My Mother _____ at the store last weekend.

① bought some groceries   ② didn't buy it   ③ was bought it
④ bought them   ⑤ was buying them

10 Did you _____ with your brother?

① go to the shop   ② sing   ③ dance   ④ wrote the letter
⑤ take a shower

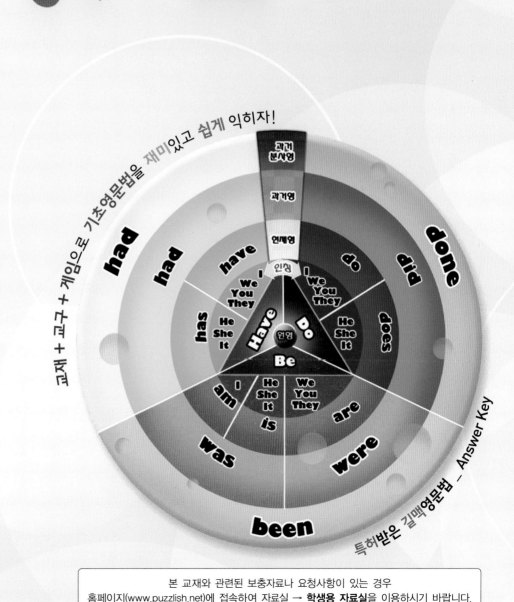

특허받은

gilm맥g 영문법

Answer Key

문제 정답

재미있고 쉽게 익히자!

기초영문법을

주어 + 시제 + 게임판

특허받은 길맥영문법 – Answer Key

본 교재와 관련된 보충자료나 요청사항이 있는 경우
홈페이지(www.puzzlish.net)에 접속하여 자료실 → 학생용 자료실을 이용하시기 바랍니다.

Unit 1 기본동사(Do, Be, Have)의 변화형과 쓰임 익히기

p.12 ① 조동사 / do, have / 주어 / be, have
주어 / 동사

p.13 ① 조동사 / 진행형 / 수동태
의문문 / 부정문 / 완료형 시제

② be / am, are, is / do / do, does
have / have, has / am / are / do, does
have, has, done, been

p.14 ① played / lived / have lived / ate
played / has played / lived, has lived
has eaten
invite / have invited / visit / have visited
sing / have sung
dances / has danced / swims
has / has had

p.15 ② 01. play 02. live 03. eat 04. me 05. visit
06. They sing 07. dances 08. I swim
09. often played 10. lived 11. ate 12. invited
13. me 14. They sang 15. have
16. have lived 17. have eaten
18. have invited 19. have visited
20. have sung 21. danced 22. has

p.16 ③ 01. I often play the piano.
02. I live in Seoul.
03. I often eat meat.
04. They invite me every year.
05. They visit me every year.
06. They sing very well.
07. He dances very well.
08. I swim very well.
09. I often played the piano.
10. I lived in Seoul.
11. I often ate meat.
12. They invited me every year.
13. They visited me every year.
14. They sang very well.
15. I have often played the piano.
16. I have lived in Seoul.
17. I have often eaten meat.
18. They have invited me every month.
19. He has danced very well.
20. He has swum very well.

p.17 ④ 16쪽 ③ 01~20번 정답과 동일함

p.19 ② 01. do 02. does 03. do 04. did 05. done
06. are 07. is 08. was 09. were 10. was
11. were 12. been 13. have 14. have
15. has 16. had 17. had

연습문제   p. 20~31

p.20 1 (1) are (2) is (3) am (4) has (5) have
(6) do (7) does (8) did (9) were (10) been

p.21 2 01. am 02. are 03. is 04. was 05. were
06. was 07. are 08. are 09. was 10. were
11. were 12. have 13. have 14. has 15. do
16. do 17. does 18. did 19. had 20. had

p.22 3 01. am 02. is 03. have 04. has 05. do
06. does 07. was 08. was 09. had 10. had
11. did 12. did 13. is 14. is 15. has
16. have 17. does 18. do 19. do 20. do

p.23 4 02. 그는 똑똑한 학생이다.
03. 나는 아침 8시에 아침을 먹는다.
04. 그녀는 예쁜 인형을 갖고 있다.
05. 우리는 모든 일에 최선을 다하고 있다.
06. 어머니는 일요일마다 마트에서 장을 보신다.
07. 나는 어제 즐거웠다.
08. 그는 똑똑한 학생이었다.
09. 나는 아침 8시에 아침을 먹었다.
10. 그녀는 예쁜 인형을 갖고 있었다.
11. 우리는 모든 일에 최선을 다했다.
12. 이모님은 30분 전에 설거지를 하셨다.
13. 그는 지금 집에 있다.
14. 그녀는 지금 피곤하다.
15. 그녀는 아침 8시에 아침을 먹는다.
16. 그들은 예쁜 인형을 갖고 있다.
17. 그는 모든 일에 최선을 다하고 있다.
18. 나는 내 숙제를 매우 잘 하고 있다.
19. 너는 모든 일에 최선을 다하고 있다.
20. 우리는 토요일마다 마트에서 상을 본다.

p.24 5 02. is 03. have 04. has 05. do
06. does 07. was 08. is 09. have 10. has
11. do 12. did 13. is 14. is 15. has
16. have 17. does 18. do 19. do 20. do

p.25 6 02. He is, student 03. I have 04. She has
05. We do 06. My mother does 07. I was
08. He was 09. I had 10. She had
11. We did 12. My aunt did 13. He is home
14. She is 15. She has 16. They have
17. He does 18. I do 19. You do 20. We do

p. 26 7 My mother / does / grocery shopping /
at a mart / on Sunday.

응용 ① I am pleased now.

② He does grocery shopping at a mart.

③ They do their homework very well.

p. 27 8-1 She / has / a pretty doll.

응용 ① I have a pretty doll.

② He had a pretty doll yesterday.

③ Judy has a pretty doll.

p. 28 8-2 This fish / is / fresh.

응용 ① This food is fresh.

② I like fish.

③ This fish is mine.

p. 29 8-3 We / saw / elephants / in a zoo / yesterday.

응용 ① I saw lions in a zoo.

② We saw tigers in a zoo.

③ I like monkeys.(a monkey 가능)

p. 30 9-1 Crossword Puzzle

응용 ① I meet him every day.

② I invited her on my birthday yesterday.

p. 31 9-2 Crossword Puzzle

응용 ① I was home yesterday.

② They are happy now.

Do동사 쓰임과 용법 익히기 Unit 2

p. 36 1 복수 / 인칭 / do / does / did

done / have, has

p. 37 do, did / are, is, were

do, does / 일반동사 / 의문문 / 부정문

의문문 / do, does, did / 앞

not / 원형 / 인칭 / 인칭

p. 38 do / 의문문

주어 / 인칭 / 시제

do, does, did / 시제 / 원형

Does John like

Did you meet

인칭 / 시제 / not / 원형

p. 39 John does not like

I did not meet

p. 40 ① 02. ⓐ, ⓒ 03. ⓑ, ⓒ 04. ⓑ, ⓒ 05. ⓐ, ⓒ

06. ⓐ, ⓒ 07. ⓑ, ⓒ 08. ⓑ, ⓒ 09. ⓑ, ⓒ

10. ⓐ, ⓒ

p. 41 ② 02. ⓐ, ⓒ 03. ⓑ, ⓒ 04. ⓑ, ⓒ 05. ⓐ, ⓒ

06. ⓐ, ⓒ 07. ⓑ, ⓒ 08. ⓑ, ⓒ 09. ⓑ, ⓒ

10. ⓐ, ⓒ

p. 42 ④ 01. do 02. did 03. does 04. did 05. do

06. did 07. do 08. do 09. will do 10. do

11. does 12. does 13. do 14. does

15. does

p. 45 ②-1) 02. Are they 03. Was she

②-2) 02. May she 03. Should they

②-3) 02. Do you 03. Does Yunji like

04. Did you have 05. Did he do

06. Did you meet 07. Does she do

p. 46 ③ 01. I can / I can't 02. I am / I am not

03. they were / they weren't

04. they did / they didn't 05. Yes, he / No, he

06. Yes, she / No, she 07. No, I / Yes, I

p. 47 ④ 01. is / isn't 02. I can / I can't

03. Yes, I do / No, I don't

⑤ 01. Can you 02. Are they

03. Was she 04. Should they

05. Did you meet 06. Does she do

07. Do you 08. Does Yunji like

09. Did you have 10. Did he do

④-1) 01. I am not good at sports.

02. My favorite color is not white.

03. He was not a student.

04. I was not here yesterday.

05. They are not serious.

④-2) 01. You must not play soccer here.

02. I may not be home in the afternoon.

03. You should not do it today.

04. We will not be late tonight.

05. I can not translate this sentence into Korean.

④-3) 01. I don't know it well.

02. My brother didn't go to church last Sunday.

03. My computer doesn't work well.

04. My sister didn't buy new shoes yesterday.

05. We didn't dance on the stage yesterday.

p.53 ⑤ ① do ② does ③ do ④ don't
⑤ doesn't ⑥ don't ⑦ did ⑧ did't

⑥ ① Do ② Did ③ Does ④ Does ⑤ don't
⑥ didn't ⑦ doesn't ⑧ doesn't

p.54 ⑦ 01. I am not 02. is not 03. You should not
04. will not be 05. I can not 06. He was not
07. I was not 08. They are not
09. You must not 10. I may not be
11. I do not know 12. did not go
13. does not work 14. did not buy
15. I did not go

연습문제   p. 56~69

p.56 1 (1) do (2) did (3) does (4) did (5) do
(6) did

p.57 2 02. ⓐ, ⓒ 03. ⓑ, ⓒ 04. ⓑ, ⓒ 05. ⓑ, ⓒ
06. ⓐ, ⓒ 07. ⓐ, ⓒ 08. ⓑ, ⓒ

p.58 3 01. do 02. did 03. does 04. did 05. do
06. did 07. Do 08. do 09. do 10. does
11. do 12. do 13. do 14. do 15. did
16. do 17. does 18. does 19. do 20. do

p.59 4 01. I do 02. I did 03. It does 04. He did
05. They do 06. We did 07. Do 08. do
09. I do 10. does 11. do you do
12. Will, do 13. does 14. I do 15. He does
16. do 17. does 18. is doing
19. I will do 20. does, good

p.60 5 01. Are they pleased today?
02. Is she a smart student?

03. Do you do your best in everything?

04. Does he do his duty very well?

05. Does it do good to me now?

06. Did he do his homework yesterday?

07. Does Yunji like Minho?

08. Did you have a good time last night?

09. Do they have a nice computer?

10. Did Minho meet Sujin last week?

p.61 6 02. Is he a great scientist?

03. Was she tired yesterday?

04. Were they late in the morning?

05. Do you like singing?

06. Does your mother cook every day?

07. Did she have lunch?

08. Are you hungry now?

09. Can he run very fast?

10. Could you say that again?

11. Do you do exercise every day?

12. Will you invite your friends on your birthday?

13. Is she a nurse?

p.62 7 02. He **is not** a great scientist.

03. She **was not** tired yesterday.

04. They **were not** late in the morning.

05. You **do not** like singing.

06. Her mother **does not** cook every day.

07. I **did not** have lunch.

08. We **are not** hungry now.

09. He **can not** run very fast.

10. I **could not** say that again.

11. She **does not** do exercise every day.

12. My brother **will not** invite his friends on his birthday.

13. She **is not** a nurse.

p.63 8 ① 목적어 ② 타동사 ③ 충분하다, 좋다
④ Do ⑤ do ⑥ do ⑦ do ⑧ does
⑨ do ⑩ did ⑪ do ⑫ did ⑬ do
⑭ Do동사 ⑮ 주어 ⑯ 동사원형 ⑰ Does he
⑱ 부정문 ⑲ do동사 ⑳ does not

p.64 9-1 did / a favor / to the poor / last month.
응용 ① He did a favor to me.
② I do my homework in the evening.
③ She does harm to me.

p.65 9-2 She / does / her homework / every day.
응용 ① I do my homework well.
② He did his homework in the morning.

Be동사 쓰임과 용법 익히기 Unit 3

④ ① Minho repaired this computer.
② She washed the car.

p.95 ⑤ am invited by John

was invited by John

will be invited by John

⑥ ① (B) ② (D)

연습문제 p. 97~122

p.97 1 [1] is [2] was [3] are [4] were [5] am
[6] was

p.98 2 02. ⓑ, ⓔ 03. ⓒ, ⓓ 04. ⓒ, ⓓ
05. ⓑ, ⓔ 06. ⓑ, ⓔ 07. ⓒ, ⓓ
08. ⓒ, ⓓ 09. ⓒ, ⓓ 10. ⓑ, ⓔ

p.99 3-1 ① ~이다 ② ~하다 ③ ~에 있다
④ ~한 상태에 있다 ⑤ ~이 있다

3-2 ① 명사 ② 형용사 ③ 장소부사

3-3 01. I am 02. My name is 03. We are
04. He is 05. They are 06. I was
07. She is 08. There is

p.100 4 02. 6 – b 03. f – 마 04. 3 – 라
05. 5 – 나 06. d – 가

p.101 5 01. f – 마 02. 1 – 바 03. b – 다 04. 3 – a
05. 5 – c 06. 6 – 가

p.102 6 02. ⓑ 03. ⓓ 04. ⓐ 05. ⓕ 06. ⓔ

p.103 7 02. 현재진행시제 03. 미래진행시제 04. 미래시제
05. 현재시제 06. 과거진행시제

p.104 8 02. 현재시제 03. 현재진행시제 04. 미래시제
05. 미래진행시제 06. 과거진행시제

p.105 9 02. V+ed 03. 조동사(will) + V
04. V ~ing, am / is / are
05. V ~ing, was / were
06. be + V ~ing, will / shall

p.106 10 02. 했다 03. 것이다 04. 숭이나 / 있나
05. 중이었다 / 있었다 06. 있을 것이다

p.107 11 01. 그녀는 춤을 매우 잘 춘다.
어머니는 일요일마다 우리의 옷을 세탁하신다.
02. 나는 나의 생일날에 나의 여자 친구를 초대했다.
나의 남자 친구는 지난밤에 나에게 반지를 주었다.
03. 나는 미래에 훌륭한 과학자가 될 것이다.
나는 나의 생일날에 나의 친구들을 초대할 것이다.
04. 나는 지금 책을 읽고 있는 중이다.
그는 지금 산에 오르고 있는 중이다.

05. 그는 어젯밤에 영어공부를 하고 있는 중이었다.
우리는 그때 점심을 먹고 있는 중이었다.
06. 우리는 7시에 텔레비전으로 축구 경기를 보고
있는 중일 것이다.
나는 8시에 영어를 공부하고 있는 중일 것이다.

p.108 12 01. My mother washes our clothes on Sundays.
02. I invited my girl friend on my birthday.
My boy friend gave me a ring last night.
03. I will become a great scientist in the future.
I will invite my friends on my birthday.
04. I am reading a book now.
He is climbing a mountain now.
05. He was studying English last night.
They was eating lunch.
06. We will be watching a soccer game on TV
at seven o'clock.
I will be studying English at eight o'clock.

p.109 13-1 01. ⓐ, ⓓ 02. ⓒ, ⓔ 04. ⓑ, ⓓ
05. ⓒ, ⓔ 06. ⓒ, ⓔ 07. ⓑ, ⓓ
08. ⓑ, ⓓ 09. ⓑ, ⓓ 10. ⓒ, ⓔ

13-2 01. ⓐ, ⓓ, ⓕ, ⓗ 02. ⓒ, ⓔ, ⓕ, ⓗ
03. ⓑ, ⓓ, ⓖ, ⓗ 05. ⓒ, ⓔ, ⓕ, ⓗ
06. ⓒ, ⓔ, ⓕ, ⓗ 07. ⓑ, ⓓ, ⓖ, ⓗ
08. ⓑ, ⓓ, ⓖ, ⓗ 09. ⓑ, ⓓ, ⓖ, ⓗ
10. ⓒ, ⓔ, ⓕ, ⓗ

p.110 13-3 01. ⓒ 02. ⓑ 03. ⓐ

13-4 01. ⓐ 02. ⓒ 03. ⓑ

p.111 14-1 01. 미래형 02. 과거형 03. 현재형

14-2 01. isn't
02. aren't / You aren't honest.
03. wasn't / She wasn't cold yesterday.
04. weren't / You weren't at the library last night.
05. don't / I don't have your cellular phone.
06. doesn't /
She doesn't have breakfast on weekends.
07. didn't / We didn't meet her last Sunday.

14-3 01. 현재형 / are, is / 동사의 과거분사
02. 과거형 / was, were / 동사의 과거분사
03. will / be / 동사의 과거분사

p.112 15-1 01. woke 02. pushed 03. was written
04. was made 05. use 06. have lived
07. marry

15-2 01. The room is cleaned by her every day.
02. Jina is invited by him on his birthday.
03. The bike was bought by my father last month.

04. The problem will be discussed by us later.

05. The nice bag was presented by her to me.

06. The cars are produced by us in this factory.

07. The breakfast was served by me at eight o'clock.

p. 113 15-3 01. She constructs the house.

02. He constructed the house last year.

03. John will construct the house next year.

04. The man has constructed the house since last month.

05. They had constructed the house from May to August.

06. We are constructing the house.

07. I can construct the house.

p. 114 15-4 01. ① 조동사 ② 품사 ③ 장소부사 ④ ～이다
⑤ ～하다 ⑥ ～이 있다 ⑦ am ⑧ are
⑨ is ⑩ was ⑪ is ⑫ V + ing
⑬ am reading ⑭ 동사의 과거분사
⑮ is loved

p. 115 16   01. I am 02. I was on a diet 03. He is home
04. It was, last 05. They are 06. We were
07. is happy now 08. My mother is
09. He was at the school 10. He was
11. He is a student 12. I was a student 13. are
14. am from 15. They were home
16. My uncle is 17. We are in 18. There is
19. There are 20. He is

p. 116 17   were students at Seoul primary school two years ago.

응용 ① He is a student.

② She was a teacher last year.

③ We are at the same primary school.

p. 117 18-1 ① I / am / happy / today.

② He / is / home / now.

응용 ① She was happy yesterday.

② They are at the school now.

③ My brother is **home** now.(= at his home)

p. 118 18-2 They / are singing / on the stage / very well.

응용 ① He is singing on the stage very well.

② She is dancing on the stage very well.

③ I like music.

p. 119 18-3 There / are / many students / in the classroom.

응용 ① There are many desks in the classroom.

② There is a book in the classroom.

③ There were many students in the classroom.

p. 120 18-4 Your cellular phone / is lying / on the table.

응용 ① Your pencil is lying on the desk.

② Her books are lying on the desk.

③ Your cellular phone was lying on the table.

p. 121 19-1 Crossword Puzzle

응용 ① I was home yesterday.

② It's very hot today.

p. 122 19-2 Crossword Puzzle

응용 ① I wrote this book last year.

② This book was written by me last year.

Unit 4 Have동사 쓰임과 용법 익히기

p. 126 인칭 / 수, 인칭, 시제

p. 127 has / have / had

p. 128 has / 조동사 / have / has / 과거형

p. 129 과거완료 / 현재완료/ 현재완료형

p. 130 과거완료 / 과거완료 / 과거분사형 / had / had / 과거완료

p. 131 02. met 03. will meet 04. have met 05. had met

p. 132 02. ⓐ, ⓒ 03. ⓑ, ⓒ 04. ⓑ, ⓒ 05. ⓑ, ⓒ
06. ⓐ, ⓒ 07. ⓐ, ⓒ 08. ⓑ, ⓒ

연습문제　　　　　　　　　　　　　p. 135~150

p. 135 1　(1) have (2) had (3) have (4) had (5) has
(6) had (7) have (8) had

p. 136 2-1　02. ⓐ, ⓒ 03. ⓐ, ⓒ 04. ⓑ, ⓒ 05. ⓑ, ⓒ
06. ⓐ, ⓒ 07. ⓑ, ⓒ 08. ⓑ, ⓒ 09. ⓑ, ⓒ
10. ⓐ, ⓒ

2-2　01. ⓑ 02. ⓒ 03. ⓐ

p. 137 2-3　01. ⓑ 02. ⓓ 03. ⓗ 04. ⓐ 05. ⓔ
06. ⓘ 07. ⓒ 08. ⓕ 09. ⓖ 10. ⓘ
11. ⓙ 12. ⓚ

p. 138 3　01. have 02. has 03. had 04. had
05. am having 06. is having
07. are having 08. had
09. have 10. will have 11. will have
12. will have

p. 139 4　01. 나는 지금 멋진 닌텐도를 갖고 있다.
02. 나는 어제 배탈이 났다.
03. 너는 오늘 해야 할 일이 있다.
04. 너는 지난 일요일에 돈이 없었다.
05. 그녀는 아침 7시에 아침을 먹는다.
06. 그는 어젯밤에 좀 어려움(문제)을 겪었다.
07. 그들은 평일에 6시에 저녁을 먹는다.
08. 우리는 지난 토요일 1시에 점심을 먹었다.

p. 140 5-1　01. do / have 02. are / do / have
03. is / does / has 04. are / do / have
05. is / does / has 06. are / do / have

p. 141 5-2　01. did / had 02. were / did / had
03. was / did / had 04. were / did / had
05. was / did / had 06. were / did / had

p. 142 5-3　01. will do / will have
02. will be / will do / will have

03. will be / will do / will have
04. will be / will do / will have
05. will be / will do / will have
06. will be / will do / will have

p. 143 5-4　02. are / do / have / were / did / had
03. is / does / has / was / did / had
04. is / does / has / was / did / had
05. are / do / have / were / did / had
06. are / do / have / were / did / had
07. is / does / has / was / did / had
08. is / does / has / was / did / had
09. is / does / has / was / did / had
10. are / do / have / were / did / had

5-5　01. does 02. Does 03. is 04. is
05. Do 06. be

p. 144 6　I / had / a stomachache / yesterday.
응용　① He has a toothache.
② She has a headache.
③ I had a headache yesterday.

p. 145 7-1　① She / has / breakfast / at six / in the morning.
② We / had / lunch / at one / last Saturday.
응용　① I have breakfast at seven.
② We will have supper at six.
③ I will have pizza for lunch.

p. 146 7-2　We / have just arrived / back / from abroad.
응용　① She has just arrived back from abroad.
② I have just finished my homework.
③ My brother has just finished his homework.

p. 147 7-3　She / will become / a famous dancer / before
long.
응용　① He will become a famous singer before long.
② They became famous actors last month.
③ I will become a famous dancer in the future.

p. 148 8　① has ② had ③ have ④ had ⑤ had
⑥ 조동사 ⑦ 동사의 과거분사 ⑧ have
⑨ 동사원형 ⑩ ~해야만 한다 ⑪ had
⑫ have to

p. 149 9-1　Crossword Puzzle
응용　① I had no money yesterday.
② I have something to do today.

p. 150 9-2　Crossword Puzzle
응용　① I have a headache now.
② He will have breakfast at seven tomorrow.
③ I need something to eat.

Unit 5 인칭대명사 쓰임과 용법 익히기

재귀 myself / yourself / himself / herself / itself
/ ourselves / yourselves / themselves

(19) itself　(20) our　(21) us　(22) ours

(23) ourselves　(24) your　(25) you

(26) their　(27) them　(28) theirs

p.183 3-5　02. You　03. He　04. She　05. It　06. We

07. You　08. They　09. my　10. your　11. his

12. her　13. its　14. our　15. your　16. their

17. me　18. you　19. him　20. her

3-6　02. us　03. you　04. them　05. mine　06. yours

07. his　08. hers　09. ours　10. yours

11. theirs　12. myself　13. yourself　14. himself

15. herself　16. itself　17. ourselves

18. yourselves　19. themselves

p.184 3-7　01. 그것을　02. 너는, 우리에게 / 우리를

03. 그는, 너희들에게 / 너희들을

04. 그녀는, 그들에게 /그들을

05. 그것은, 나의 것

06. 우리는, 너의 것

07. 너희들은, 그의 것　08. 그들은, 그녀의 것

09. 나의, 우리의 것　10. 너의, 너희들의 것

11. 그의, 그들의 것　12. 그녀의, 나 스스로

13. 그것의, 너 스스로　14. 우리의, 그 스스로

15. 너희들의, 그녀 스스로　16. 그들의, 그것 자체

17. 나에게 / 나를, 우리 스스로

18. 너에게 / 너를, 너희들 스스로

19. 그에게 / 그를, 그들 스스로

20. 그녀에게 / 그녀를

p.185 3-8　1인칭: mine / We / our / ourselves

2인칭: you / yours / yourself

　　　　your / yourselves

3인칭: his / him / his / her / hers / herself

　　　　its / it / itself

　　　　their / theirs / themselves

3-9　1인칭: me / mine / myself

　　　　our / us / ours / ourselves

2인칭: yours / yourself

　　　　your / you / yours / yourselves

3인칭: his / him / his

　　　　her / her / hers

　　　　its / itself

　　　　their / them / themselves

국어의미: ① : ~은/는, ~이/가

　　　　② : ~의

　　　　③ : ~을/를, ~에게

　　　　④ : ~의 것

p.186 4　I / my / me / mine / myself

응용　your / you / yours / yourself

　　　his / him / his / himself

　　　our / us / ours / ourselves

p.187 5　have to do your homework by yourself.

응용　① He does his homework every day.

　　　② I did my homework for myself yesterday.

　　　③ I will do my homework in the evening.

p.188 6　I / my / me / mine / myself

응용　its / it / 없음 / itself

　　　their / them / theirs / themselves

　　　her / her / hers / herself

p.189 7-1　I / would / like / to play / computer / games / in my free time.

응용　① He likes listening to music in his free time.

　　　② She doesn't like dancing on the stage.

　　　③ I will play computer games in the afternoon.

p.190 7-2　I / go / to school / on foot / every day.

응용　① She goes to school by bus every day.

　　　② My father goes to work by subway.

p.191 7-3　I / like / doughnuts and milk / for lunch.

응용　① She has[=eats] doughnuts and milk for lunch.

　　　② We have[=eat] bread and milk for breakfast.

p.192 7-4　This / is / the oldest child / in my family.

응용　① He is the youngest child in his family.

　　　② She is the oldest / eldest daughter in her family.

p.193 7-5　My father / is / very busy / in teaching students English.

응용　① My mother is very busy in cooking.

　　　② She is very busy in studying English.

p.194 7-6　She / enjoys / listening to music / by her cell phone.

응용　① I enjoy playing computer games.

　　　② She likes watching TV.

p.195 8-1　01. it　02. You, us　03. He, you　04. She, them

05. It, mine　06. We, yours　07. You, his

08. They, hers　09. my, ours　10. your, yours

11. his, theirs　12. her, myself　13. its, yourself

14. our, himself　15. your, herself

16. their, itself　17. me, ourselves

18. you, yourselves　19. him, themselves

20. her

p.196 8-2 1인칭: mine / We / our / ourselves

2인칭: you / yours / yourself

your / yourselves

3인칭: his / him / his / her / hers / herself

its / it / itself

their / theirs / themselves

8-3 1인칭: me / mine / myself

our / us / ours / ourselves

2인칭: yours / yourself

your / you / yours / yourselves

3인칭: his / him / his / her / her / hers

its / itself

their / them / themselves

국어의미: ① : ~은/는, ~이/가

② : ~의

③ : ~을/를, ~에게

④ : ~의 것

p.197 9-1 01. I, her, my 02. your, yourself 03. me, his

04. She, them 05. It, yours 06. We, their

07. You, yourselves 08. They, us

p.198 9-2 01. I invited her on my birthday.

02. You have to do your homework for yourself.

03. He lent me his nice bicycle.

04. She met them yesterday.

05. It is yours from now.

06. We saw their sons last night.

07. You should be proud of yourselves.

08. They played soccer with us last Sunday.

p.199 10-1 Crossword Puzzle

응용 ① It is mine from now.

② He does his homework for himself.

p.200 10-2 Crossword Puzzle

응용 ① I met her in the morning.

② He will invite her on his birthday.

p.201 10-3 Crossword Puzzle

응용 ① She is my girl friend.

② They were happy yesterday.

p.202 10-4 Crossword Puzzle

응용 ① She does her homework very well.

② He doesn't like doing his duty.

문장 미로 찾기 정답

Unit 1 p.26

My mother / does / grocery shopping / at a mart / on Sunday.

Unit 2 p.64

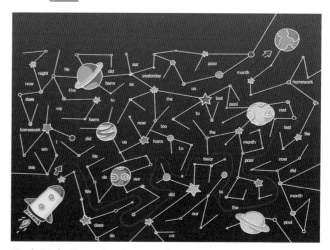

We / did / a favor / to the poor / last month.

Unit 2 p.65

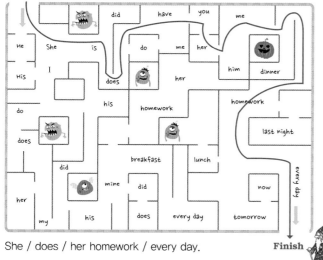

She / does / her homework / every day.

Unit 2 p.66

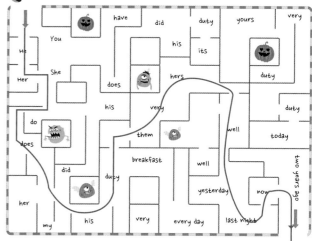

He / does / his duty / very well / now.

Unit 2 p.67

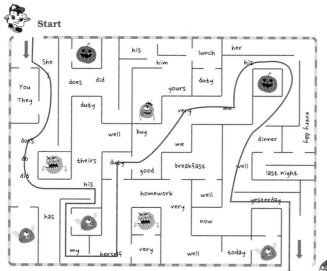

I / did / my duty / very well / yesterday.

Unit 3 p.116

We were students at Seoul primary school two years ago.

Unit 4 p. 144

I / had / a stomachache / yesterday.

Unit 5 p. 186

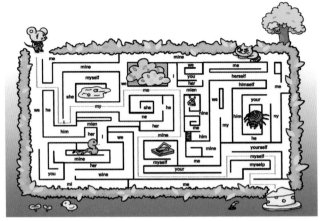

I / my / me / mine / myself

Unit 5 p. 187

You have to do your homework by yourself.

문장 숨은 단어 찾기 정답

Unit 1 p. 27

She / has / a pretty doll.

Unit 1 p. 28

This fish / is / fresh.

Unit 1 p.29

We / saw / elephants / in a zoo / yesterday.

Unit 2 p.68

① I / do / my duty / very well.

② We / do / our best / in everything.

Unit 2 p.69

She / works / at the hospital.

Unit 3 p.117

① I / am / happy / today.

② He / is / home / now.

Unit 3 p.118

They / are singing / on the stage / very well.

Unit 3 p.119

There / are / many students / in the classroom.

Unit 3 p. 120

Your cellular phone / is lying / on the table.

Unit 4 p. 145

① She / has / breakfast / at six / in the morning.

② We / had / lunch / at one / last Saturday.

Unit 4 p. 146

We / have just arrived / back / from abroad.

Unit 4 p. 147

She / will become / a famous dancer / before long.

Unit 5 p. 188

I / my / me / mine / myself

Unit 5 p. 189

I / would / like / to play / computer / games / in my free time.

I / go / to school / on foot / every day.

I / like / doughnuts and milk / for lunch.

This / is / the oldest child / in my family.

My father / is / very busy / in teaching students English.

She / enjoys / listening to music / by her cell phone.

Crossword Puzzle 정답

Unit 1 p.30

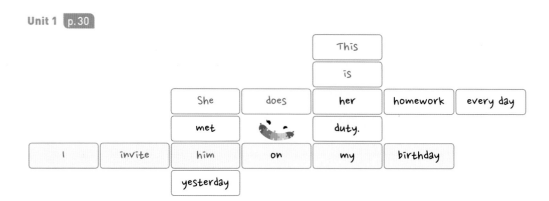

		This		
		is		
She	does	her	homework	every day
met		duty.		
I	invite	him	on	my	birthday
yesterday				

p.31

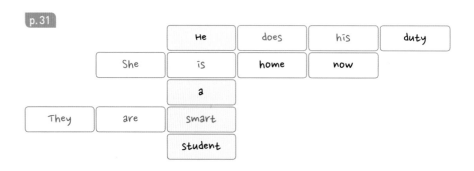

	He	does	his	duty
She	is	home	now	
	a			
They	are	smart		
	student			

Unit 2 p.121

	He	will	be	a teacher	next	year
She	is	happy	now			
	at					
	his					
I	was	home	last	weekend		

p.122

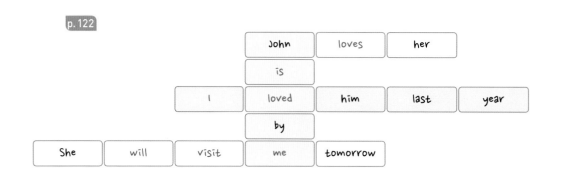

	John	loves	her		
	is				
I	loved	him	last	year	
	by				
She	will	visit	me	tomorrow	

Unit 4 `p. 149`

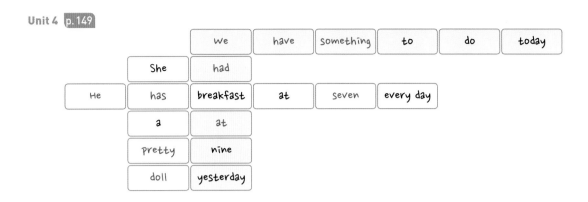

		We	have	something	to	do	today
	She	had					
He	has	breakfast	at	seven	every day		
	a	at					
	pretty	nine					
	doll	yesterday					

`p. 150`

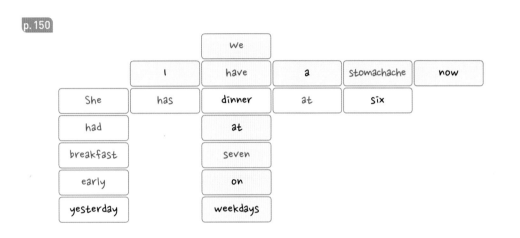

		we			
	I	have	a	stomachache	now
She	has	dinner	at	six	
had		at			
breakfast		seven			
early		on			
yesterday		weekdays			

Unit 5 `p. 199`

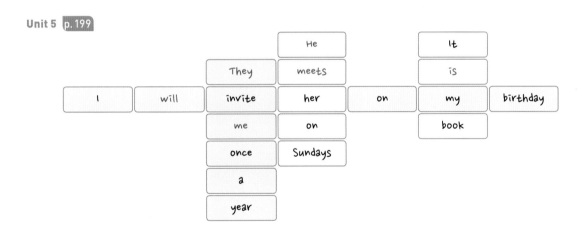

			He			It	
		They	meets			is	
I	will	invite	her	on	my	birthday	
		me	on		book		
		once	Sundays				
		a					
		year					

`p. 200`

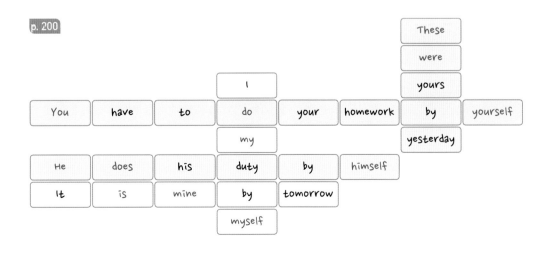

						These	
						were	
			I			yours	
You	have	to	do	your	homework	by	yourself
			my			yesterday	
He	does	his	duty	by	himself		
It	is	mine	by	tomorrow			
			myself				

p. 201

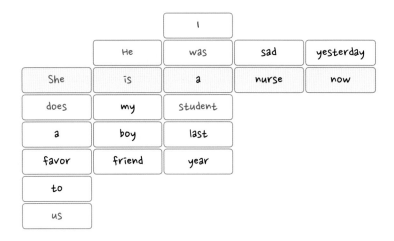

p. 202

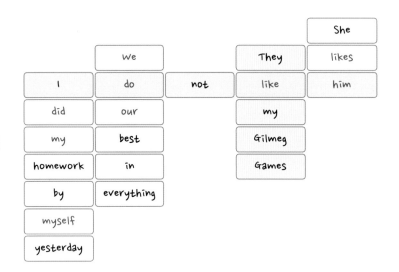

Unit 6 실전 종합문제

p.205 1–1 (1) am　(2) has　(3) have　(4) do　(5) does
(6) are　(7) is　(8) had　(9) did　(10) was

p.206 1–2 (1) do　(2) did　(3) does　(4) did　(5) do
(6) did

p.207 1–3 (1) ⓐ　(2) ⓔ　(3) ⓗ　(4) ⓕ　(5) ⓒ　(6) ⓓ
(7) ⓖ　(8) ⓑ

p.208 1–4 (1) am　(2) is　(3) are　(4) were

p.209 1–5 (1) have　(2) has　(3) have　(4) had　(5) had
(6) will have　(7) have　(8) having
(9) is having　(10) having

p.210 1–6 (1) my　(2) mine　(3) his　(4) him　(5) She
(6) her　(7) hers　(8) its　(9) our　(10) us
(11) your　(12) yours　(13) them

p.211 2–1 01. have　02. has　03. have　04. had　05. had
06. had　07. will have　08. will have
09. will have　10. am having　11. is having
12. are having

p.212 2–2 01. am　02. is　03. do　04. does　05. do
06. does　07. did　08. Does　09. Did
10. has　11. have　12. have

p.213 3–1 01. am　02. is　03. do　04. does　05. my
06. me　07. did　08. Does　09. Did　10. has
11. have　12. have

p.214 3–2 01. have　02. has　03. have　04. had　05. had
06. had　07. will have　08. will have
09. will have　10. am having　11. is having
12. are having

p.215 3–3 02. am reading　03. will invite　04. have
05. wants　06. finished　07. playing　08. goes
09. haven't　10. was studying　11. had been
12. Do　13. Does　14. has　15. have
16. have　17. her　18. do　19. did　20. me

p.216 4–1 01. ⓔ　03. ⓐ　04. ⓑ　05. ⓒ　06. ⓓ
07. ⓗ　08. ⓖ　09. ⓟ　10. ⓝ　11. ⓛ
12. ⓜ　13. ⓘ　14. ⓙ　15. ⓚ　16. ⓞ
17. ⓢ　18. ⓡ　19. ⓣ　20. ⓠ

p.217 4–2 02. ⓒ　03. ⓑ　04. ⓐ　05. ⓘ　06. ⓔ
07. ⓖ　08. ⓗ　09. ⓕ　10. ⓚ　11. ⓛ
12. ⓜ　13. ⓛ　14. ⓝ　15. ⓟ　16. ⓞ
17. ⓠ　18. ⓢ　19. ⓡ

p.218 5–1 01. 나는　02. 너는　03. 그는　04. 그녀는
05. 그것은　06. 우리는　07. 너희들은
08. 그들은　09. 나의　10. 우리의
11. 너의　12. 너희들의　13. 그의　14. 그녀의
15. 그것의　16. 그들의　17. 나에게 / 나를
18. 우리에게 / 우리를　19. 너에게 / 너를

5–2 01. 그것에게 / 그것을　02. 우리에게 / 우리를
03. 너희들에게 / 너희들을　04. 그들에게 / 그들을
05. 나의 것　06. 너의 것　07. 그의 것
08. 그녀의 것　09. 우리의 것　10. 너희들의 것
11. 그들의 것　12. 나 자신　13. 너 자신
14. 그 자신　15. 그녀 자신　16. 그것 자체
17. 우리 자신　18. 너희들 자신　19. 그들 자신

p.219 6–1 01. I　02. You　03. He　04. She　05. It　06. We
07. You　08. They　09. my　10. your　11. his
12. her　13. its　14. our　15. your　16. their
17. me　18. you　19. him　20. her

6–2 01. it　02. us　03. you　04. them　05. mine
06. yours　07. his　08. hers　09. ours
10. yours　11. theirs　12. myself
13. yourself　14. himself　15. herself　16. itself
17. ourselves　18. yourselves　19. themselves

p.220 7–1 01. I am not very happy.
02. He isn't a teacher.
03. They aren't my friends.
04. I don't have a nice bicycle.
05. She didn't have a good time yesterday.
06. I didn't have breakfast today.
07. I didn't meet them last night.
08. He doesn't like her.
09. I didn't like him.
10. I didn't invite them on my birthday.

p.221 7–2 01. I didn't do my homework yesterday.
02. did / He didn't do his homework last night.
03. had / We didn't have a good time last week.
04. likes / She doesn't like us.
05. is / He isn't very busy on his birthday.
06. are / They aren't teachers.
07. were / We weren't students.
08. had / They didn't have breakfast today.
09. met / He didn't meet her yesterday.
10. invited / I didn't invite them yesterday.
11. liked / We didn't like her.
12. were / They weren't happy last night.
13. He doesn't do his duty very well.

Crossword Puzzle 정답

p.225

p.226

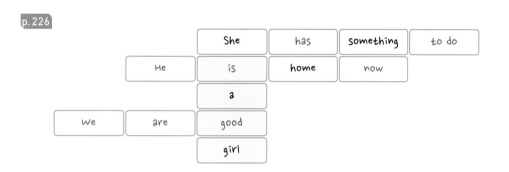

p.227

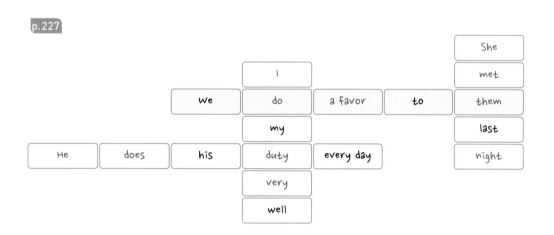

p.228

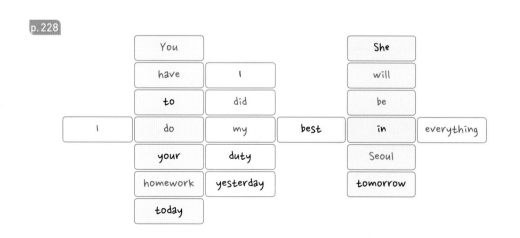

p. 229

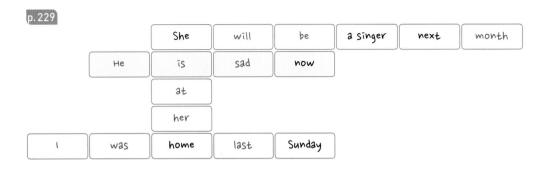

She | will | be | a singer | next | month
He | is | sad | now
at
her
I | was | home | last | Sunday

p. 230

Does
Did | She | dance | last | Sunday?
Are | like
Do | you | like | me?
Were | they | happy | yesterday?
now?

p. 231

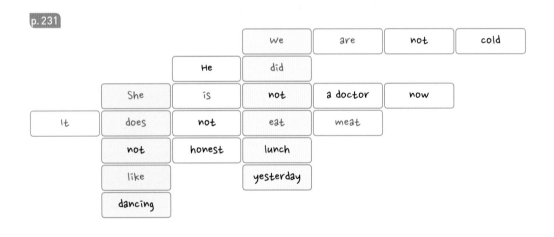

we | are | not | cold
He | did
She | is | not | a doctor | now
It | does | not | eat | meat
not | honest | lunch
like | yesterday
dancing

특허받은
gilmeg 영문법
길맥

**지은이
소개**

손길연(문학박사, 영어교수법 개발 전문가)

오랫동안 여러 대학교와 공무원 학원에서 다양한 영어를 가르쳐왔습니다. 그동안 학생들을 가르치면서 "어렵고 지루한 영어를 쉽고 재미있는 놀이"처럼 배울 수 없을까? 늘 고민하고 연구한 끝에 이 문제를 해결할 수 있는 가장 좋은 교육 방안으로 '놀잇감'에 '학습'을 접목한 영어 콘텐츠를 개발하게 되었습니다. OSMU(One Source Multi Use)방식에 바탕을 둔 콘텐츠의 연계성을 갖고 레벨별로 **교재+교구+게임**을 개발하게 되었습니다. '영어공부'라는 말에 거부감과 두려움을 갖는 학습자에게 오락성과 학습성을 동시에 충족시켜 **놀이를 통한 재미와 자신감**'이 영어학습으로 고스란히 연계될 수 있는 신개념 **특허받은 영어학습법**을 창안했습니다. 오늘도 학생들을 가르치면서 참신하고 재미있는 **학습교구** 및 **게임** 개발과 쉽게 배울 수 있는 **교재** 집필에 매진하고 있습니다.

- **지적재산권 : 국내특허 등록 6건**, 국제특허 2건 출원, 디자인 등록 8건, 영어학습게임 프로그램 등록 8건
- **저서 :** 『마법의 영문법』(메가스터디와 Kt에듀팝에서 동영상 교재로 사용),
  『나홀로 영문법』, 『길맥 알파벳 6권 시리즈』 외 다수
- **영어교구 개발 :** 「알파벳 자석 맥퍼즐」
  「영어문장 자석 퍼즐리쉬 9종 세트」
  「특허받은 영어 단어·문장·문법 카드 3종 시리즈」 외 다수
- **영어학습게임 개발 :** 「특허 받은 길맥 영어문장 유형 익히기 게임」
  「특허 받은 퍼즐리쉬 영어단어 끝말잇기 게임」
  「특허 받은 퍼즐리쉬 영어문장 카드 게임」 외 다수
- **언론 보도 :** KBS 1, MBN, 서울경제TV, 매일경제신문, 한겨레신문 등

김혜림(문학박사)

1993년 이래 여러 대학에서 학생들에게 일본어를 가르치면서 인지언어학에 기초를 둔 **색상인지학습법**이 외국어를 습득하는 데 있어 학습자의 뇌구조적으로 가장 학습효과가 크다는 확신을 갖게 되었습니다. **그림+도형+색상+비유+스토리텔링**을 활용한 이 **학습법**을 영어에도 접목하여 영어학습과 관련하여 국내특허 2건 및 디자인 등록 4건을 획득, 오락성에 학습성을 융합시켜 창의적인 영문법 교재를 집필하였고, 현재에도 학생들을 가르치면서 쉽고 재미있는 영어 콘텐츠 연구와 개발에 몰두하고 있습니다.

- **지적재산권 : 국내특허 등록 2건**, 국제특허 1건 출원, 디자인 등록 4건
- **저서 및 번역서 :** 『일본어 담화와 정보구조』
  『추론과 조응(山梨正明 著)』
  『영어기본동사 맥퍼즐』(교재+교구)
  『영어문장 5형식 맥퍼즐』(교재+교구)

저자와의
합의하에
인지첩부
생략

특허받은
길맥영문법 ①

2016년 12월 1일 초판 1쇄 인쇄
2016년 12월 5일 초판 1쇄 발행

지은이 손길연·김혜림
펴낸이 진욱상
펴낸곳 백산출판사
교 정 편집부
본문디자인 오양현
표지디자인 오정은

등 록 1974년 1월 9일 제1-72호
주 소 경기도 파주시 회동길 370(백산빌딩 3층)
전 화 02-914-1621(代)
팩 스 031-955-9911
이메일 edit@ibaeksan.kr
홈페이지 www.ibaeksan.kr

ISBN 979-11-5763-302-9
값 20,000원

(주)길에듀월드

홈페이지 : www.puzzlish.net
Tel : 070-7836-3388   Fax : 043-217-4506

특허 6건 획득하고 각종 **언론**에서 보도로 검증된

(주)길에듀월드 제품 **구성** 및 **특징**

교구 구매시 교사용 자료 제공
(파워포인트 자료 + 동영상)

🧩 영어 기본동사 맥퍼즐 [교구+교재+게임]

영어의 원리와 핵심 개념을 도형과 색상을 응용해 만든 **영어퍼즐 + 스토리텔링 + 동영상 + 게임** (스마트폰/ 컴퓨터) 을 병행하여 영어문장을 쉽고 재미있게 습득!

중소기업공단이 주관하는 아이디어 상품으로 선정!
〈MBN 정보쇼 아이디어플러스〉 방송

🧩 영어 문장5형식 맥퍼즐 [교구+교재+게임]

+

퍼즐교구 7개   교재

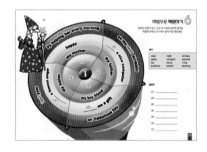

영어문장 **구조**와 **어순**을 '색상인지학습법'으로 쉽게 습득!

gilm톡 영어문장 유형 익히기

gilm톡 작문 및 번역 익히기

gilm톡 그림에서 영단어 찾아 영작문 익히기

gilm톡 특허받은 영문법카드 게임

영어 교재에 나오는
영어 문장을 게임을 하면서
재미있게 습득!

게임 이용 방법

• 스마트폰용 게임 : Play Store 또는 One Store에서 "길에듀월드"로 검색하여 앱을 다운로드.
• 컴퓨터용 게임 : 길에듀월드 홈페이지(www.puzzlish.net) 접속하여 이용.

퍼즐리쉬 영어카드 구성

· 퍼즐리쉬 영어단어 끝말잇기카드 4종 세트
· 퍼즐리쉬 영어문법카드 4종 세트
· 퍼즐리쉬 영어문장카드 4종 세트

카드 구성 내용

영어내용을 기재한 카드 **+** 재미를 주는 보너스 카드 **+** 답을 기재한 정답지 카드

단어, 문장, 문법을 재미있게 학습할 수 있어 학교에서 가장 선호하는 교구!

끝말잇기카드

영어문장카드

gilmeg 영어문장 카드 게임   gilmeg 영어단어 끝말잇기 게임   gilmeg 특허받은 영문법카드 게임 FREE

스마트폰 Play Store에서 "길맥"으로 검색
교구와 게임을 병행하는 학습

영어문장 자석 퍼즐리쉬 8종 세트(교재+교구+게임 병행하여 학습)

초등, 중등 과정 단어, 문법, 문장을
자석교구와 **게임**으로 재미있게 습득!

국어			
나는	어제	그녀를	초대했다

영어

Level 1	I	invited	her	yesterday
Level 2	I	invited	her	yesterday
Level 3	I	invited	her	yesterday

교통 신호등을 색상으로 인지하듯
주어-빨강, 동사-파랑, 목적어-초록, 보어-노랑, 수식어-분홍
색상으로 문장의 구성 성분을 구분하여 아이들이
영어 문장 구조를 쉽게 이해할 수 있어요.

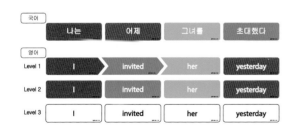

교구에 있는 영어문장을 게임으로 즐겁게 익히자!

MBN 방송 "아이디어 열전"에
영어학습 아이디어 제품으로 출연

단계	영어문장 카드 내용	카드숫자		계
1	초급(인칭대명사, 2, 3형식)	영어	296	528
		국어	232	
	초급편 영어단어 추가카드	영어	176	176
2	중급영어 문장유형	영어	272	544
		국어	272	
3	의문문	영어	256	448
		국어	192	
4	부정문	영어	144	256
		국어	112	
5	명령문, 감탄문, 기원문	영어	80	144
		국어	64	
6	조동사	영어	80	160
		국어	80	
7	부정의문문, 부가의문문	영어	192	272
		국어	80	
8	시제와 태	영어	72	176
		국어	72	
		기타	32	